自分を予約する手帳術

TIME MANAGEMENT FOR PRECIOUS LIFE

Kaori Sasaki

ダイヤモンド社

はじめに

「自分を予約する」ってなんだろう。
本当に、時間を上手に使えるようになるのだろうか。
そんな気持ちで今、この本を手に取られたでしょうか。

毎日を、もっと楽しみたい。
「充実している」と感じる時間を、もっと増やしたい。
自分の人生を、自分の意思で、主体的に動かしてみたい。
そんな意欲ある人たちのために、具体的な解決策をお伝えしたくて書いています。

私は二〇〇三年に、日本で初めて、毎日を主体的に動かすための時間管理術を提案しました。反響は大きく、全国各地からその管理術を実践したいという声が、月に一〇〇〇件以上も届き、大手手帳会社からは、佐々木さん発案の手帳を販売させてほしいという問い合わせがありました。なぜなら私が提案している時間管理の考え方は、世界でも新しく、またそれを実現するための手帳が、どこにも存在していなかったからです。

では、何が特徴的だったのでしょうか。

それは「約束管理」から「時間管理」へのシフトです。

多くの人は、時間を管理しているつもりでも、実は管理しているのは、約束だったのです。他人とした約束を記録し続けることを、スケジュール管理だと考えていたわけです。だから、約束の数に比例して、忙しいと感じることが増えていったり、選ぶ手帳の大きさが変わったりしていました。最近ならば、スマートフォンが普及して便利になりましたが、これらは全て「約束管理」。自分の時間を上手に使っていると体感できる、そんな満足度とは関係がありません。

そもそも「時間管理」とはなんでしょうか。

自分が持っている時間全てを俯瞰して、どの時間を何に使うかを、自分の意思で配分していくということです。自分自身が思うように、希望する通りに動くことができる毎日をつくる。つまり、自分の人生を、自分の意思でつくり上げていくという主体性ある日々の実現が「時間管理」なのです。

私はこのことを「自分を予約する」という発想によって、誰でも実践できる、シンプルかつ成果に直結する術《すべ》を教えています。

まず、他人からの要請を優先する人生を見直すことから始めましょう。周囲の人からの依頼などに応えることは大切ですが、自分のことをいつも後回しにして、他人からのリクエストを基に行動計画を立てるだけ、という習慣を見直してほしいのです。相手からの希望と、自分が気持ちよく動くための時間配分を調整する方法を身に付けてほしいと思います。約束管理だけをしてきたこれまでの毎日では、まず誰かと約束したことを手帳などに記録してきたはずです。約束は増え続けるのに対し、自分のしたいことや、しなければならない大切なことは、「どこかで時間ができたらやろう」と思って、どこにも書かず、ごちゃごちゃと頭の中に詰め込んできただけでした。そして、なんだか気持ちがいっぱいになり、「私は忙しい」「やりたいことができない」などと感じて、上手くいっていないというストレスとなりました。

一度思い付いたことは忘れないようにと、Ｔｏ　Ｄｏリスト（やることリスト）として書き出してきた人もいるかもしれません。思い出した順番に、手帳のどこかに忘れないようにと書き留めるということです。リストの項目はどんどん増えていきますが、この方法では行動に結び付きません。書き出すことで毎日上手くいってきましたか？書き出したことは全部できましたか？　もしも、書き出せば全てがその日にでき、上手くいっていたという人がいたら、ぜひそのままで続けてください。しかしリストを書き出してもできないことがある、または、気持ちが重くなると思っている人は、習慣を変えることが必要です。

私が教える「自分を予約する」という時間管理術は、今までどこにも書かずに頭の中にごちゃごちゃと詰め込んできた「自分がやりたいこと」も手帳に書いていくことで、脳内の断捨離をして、今に集中できるようにするものです。脳科学者の茂木健一郎さんも、「脳は、アウトプットしないと対話できないんです。手を動かして書くという行為は、脳にとてもリッチなんですよ」と脳に記憶していることを手帳に書くことの意義を話しています(www.actionplanner.jp/special/dialogue01/)。

他人とした約束の管理だけでなく、自分のやりたいことも可視化することで、自分を思い通りに動かしていくという時間術なのです。

では、どうすれば自分を予約できるのでしょうか。

まず大切なのは「なぜ時間管理をするのか」を理解することです。

時間管理の基本哲学を理解することはとても大切です。手帳の使い方などをいくら学習しても、肝心な「時間管理の目的」やその背景にある哲学が腹落ちできていないと、成果は実感できません。スキルとして手帳の書き方を学んだり、計画の立て方を学習しても、続かない、上手くいかないというのは、そのためです。目的を理解しないと行動変革は起きにくいのです。では、何のためでしょう。

時間管理の目的は、自ら主体的に行動できるようになること、そして幸福度を高めることです。自分がうまく行動できている、上手に一日を使えているなどという実感が湧けば、自信につながり、自分自身への満足度が高まります。さらに、周囲の人たちとの日程調整が上達すれば、仕事もスムーズに進み、評価が高まり、チームワークも良くなります。すると、気持ちが前向きになり、やる気も高まり、元気になる。私が教える時間管理術の目的は、自らをハッピーにし、プラスを生み出す人になることなのです。人生を豊かにする大切な発想法を体得することで、今日も明日も、そして一年後もその先も、自分を思い通りに動かしていくことができるのです。

次に重要なことは、手帳選びです。間違ったツールでは、時間管理は実践できません。手帳とは紙でつづられたものの名称で、手帳売り場にはたくさんの種類の手帳が並んでいます。それを目的別に大きく分類すると三種類となります。ぜひ、自分の目的に適した手帳を選んでいただきたいと思います。

一つ目は「アポ帳」「スケジュール帳」です。

打ち合わせやプレゼンの日時、友人との食事会の日時、学校行事のスケジュール、ゴルフやデートの約束、病院の予約、決められた会議やイベントなど、「他人との約束」を忘れないように記録しておくための備忘録が「アポ帳」「スケジュール帳」です。何時にどこに行く、というように時刻と約束をセットにして書きますから、約束の数が少ないからと、見開き一カ月のボックスカレンダーなど、小さい手帳を持っている人も多いと思います。最近はスマートフォンや、会社のパソコンで管理できるスケジュールアプリも普及しています。もしもアポイントメントだけを管理するのであれば、通知機能のあるデジタル管理が一番良いと思います。しかし、これらはどれも「時間管理」はできません。

二つ目は、「メモ帳」「日記帳」です。

特に用途を決めずに持ち歩き、打ち合わせの記録、学習内容、思い出したこと、食事や健康の記録など、各自の用途に応じて書くための「なんでもノート」です。日付だけ書かれて空欄が多い日記帳のようなものもありますし、時間軸に見せかけた数字が並んでいるものもありますが、どれも自由に書けるメモ欄が大きいことが特徴です。写真を貼ってもいいし、絵を描いてもいい、やることを書き並べてもいいなど、何でも書き留めたいという人が、こうしたメモ欄の大きな手帳を選ぶ傾向があると思います。これらの手帳を使って今までの生活がとても上手くいっているということであればそのままで良いと思います。しかしこの本を手にしている方の多くは、こうしたメモ欄の大きい手帳で時間管理を試みて、失敗してきた人かもしれません。時間をもう少し上手に使いたいということでしたら、これらのノートはメモ帳として使い、時間管理には、別の手帳を選びましょう。

そして三つ目が、時間管理をするための「自分を予約する手帳」です。

約束管理だけなら、どんな手帳でも良かったのですが、時間管理をするための手帳は一つしかありません。毎日の時間全体が可視化された手帳「アクションプランナー」です。A5サイズ、バーチカル、月曜から日曜、30分単位という手帳は、二〇〇四年に私が日本で初めて発案、開発したものです。今は、多くの会社が私の発想を基に似た手帳をつくっていますが、「自分を予約する」ノウハウの詰まった時間管理ができるのは、今でもこの手帳だけです。「行動＝アクション」＋「計画帳＝プランナー」という意味で名付けました。

私がこの手帳を開発する前は、手帳というと男性サラリーマンが胸ポケットに入れて持ち歩いていた小さなものしかなく、それも予定を書く欄が月曜から金曜の九時から五時までというものが主流でした。なぜなら、手帳は仕事のアポをメモしておくためのものだったからです。しかし、私の時間管理は、違います。自分のすべての時間をどう使うのかが大切であり、自分の意思で時間を使って、自分をハッピーにしていこうというもの。私の考えを実践するには、毎日の時間を見渡せる新しい手帳が必要だったのです。

私は一九八〇年前後から、罫線だけのノートを活用して、自分の動きが一目で分かる「自分を予約する」ためのオリジナル手帳を毎年手作りしてきました。毎日のアルバイトや学校の勉強、その移動時間などを書き入れて、自分を上手く動かすことで日々を充実させていたのです。大学時代は、厳しい勉強と留学、当時高額だった授業料を稼ぐアルバイトなどを、この時間管理術によって実現させました（高校一年生から親の経済支援を受けずに今日まで来ています）。

その後、起業し、テレビレポーターを務め、出産し、二人の子育てをし、多くの講演を行い、政府の審議会にも呼ばれるといった、いくつもの仕事に従事することになります。その姿を見て、二〇〇〇年から二〇〇三年には「佐々木さんは、どうしてそんなにいろいろなことができるのですか」という取材が増え、私の時間管理術が注目されたのです。それに加えて、私の思考法、発想法、ダイバーシティマネジメントにも関心を持っていただき、お伝えする毎日となりました。アクションプランナーは、記事を読むなどした多くの方のお問い合わせやリクエストにお応えする形で私がプロデュースした、全く新しい考え方の手帳として誕生しました。

アクションプランナーを販売することになってからは、ほぼ毎月、大人のための時間管理講座を開催することとなりました。春休みや夏休み前などには小学生親子向け、中学・高校生向けの時間管理講座も開いて子どもたちにも教えています。なぜなら手帳を買うことが大切なのではなく、時間管理術を実践して、毎日の生活にプラスの変化を起こすことが大切だからです。

講座に参加した大人の受講生の方たちからは、「いろいろなことができるようになって、幸せです」「年収が四〇〇万から二〇〇〇万円になりました」「店舗開店が一年早く実現しました」「たくさん眠れるようになりました」「試験に合格しました」など、たくさんの喜びの声を頂きます。また、子どもたちからは、「試験の点数が上がりました」「勉強が楽しくなりました」「本を読める時間ができました」「親に言われなくても、自分からできるようになりました」といった声の他に、「佐々木先生のアクションプランナーを使ったら、勉強だけじゃなくて、遊びも勉強も両方できることがわかりました！」などと、うれしいメッセージを頂きます。

私自身、この時間管理術を日々上達させることで、自分の人生が豊かになってきました。以前は長時間、会社で仕事をすることもありましたが、今は、自分を予約することで、仕事の時間も調整し、上場企業の社外取締役、博物館の経営委員、政府の審議会委員、財団の理事、大学の非常勤講師、国内外での講演、テレビ出演、体のケアや、友人との時間、趣味のゴスペル、旅行、子どもたちとの時間、母の介護など、さまざま楽しむことができています。時間を上手に使うということは、人生を豊かにすることなのです。

今、時間管理を上達させたいとこの本を手にされている方は、自分の未来を動かしたい人だと思います。明日からの人生を変えていきたいという強い意欲・関心をお持ちでしょう。自分の毎日を変えていくのには、今の環境は関係ありません。今が、何歳かも関係ありません。今日は、人生で一番若い日ですから、これからの自分の考え方や行動のあり方ひとつで、いくらでも自分の未来をつくることができるのです。これまでの思い込みや習慣を脇に置き、自分のしていることを客観的に見て、気付き、認識し、発想の転換をして、行動を変えてみてほしいと思います。自らを変革し続けると、さらに新しいことを生み出す機会にも恵まれるでしょう。

私自身、「佐々木さんは、チェンジエージェントですね」と言われることがあります。チェンジエージェントというのは、変化を生み出す人。新しい発想や行動で既存の物事をシフトさせていく人のことです。確かに私は、多くの新しい発想で、「日本で初めて」ということを作り出してきました。時間管理や手帳開発の他にも例を挙げれば、インターネット回線を使った海外とのテレビ会議、二カ国語での女性向けポータルサイトの構築、女性の異業種交流ネットワークの設立、ダイバーシティな会議「国際女性ビジネス会議」、組織のダイバーシティと企業価値の関係を数値化する「ダイバーシティインデックス」といったものです。時間を上手に使うことで、幅広い経験を重ね、多くの人と出会うことができ、多岐にわたる情報に触れる機会ができ、発想が豊かになるのです。

「時間を上手に使いたい！」「もっと一日を有効に使いたい！」と考えている方は、とにかく最後まで読んでください。そして実践していただきたいと思っています。会社員、経営者、個人事業主といった全てのビジネスパーソン、教師など教育関係者、ケアマネジャーなどの介護関係者、コーチ、弁護士、タレント、スポーツ選手、政治家、そして、学生、専業主婦、子どもたち……。どんな人でも活用できるのが、私が教える、この「自分を予約する時間管理術」なのです。

これから、あなたはこの本を読んで、時間管理術を習得していきます。その後、講座に来て、さらに体感し、身に付けていくかもしれません。この時間管理術を毎日実践して主体的に毎日をつくり、できることが増える実感を得ればどんなに嬉しいことでしょう。夜、「ああ、いい一日だった」と充実した気持ちになれば、自分を誇らしいと感じるでしょう。ただ手帳を使うのではなく、ただ効率よく行動するだけでなく、どんなふうに自分は毎日を過ごしたいかを考え、幸福度を高めてください。これからの人生を、今まで以上に豊かにするためのシフトに、私の時間管理術を実践していただきたいと思います。

皆さんの毎日が豊かに幸せになるように、お役に立てれば幸せです。

二〇二〇年二月　佐々木かをり

自分を予約する手帳術——「なんとなく忙しい」から抜け出す時間管理法

■目次■

はじめに　1

第一章　時間管理の目的とは何か——23

何のために、時間管理をするのか　24
「幸せ」は、何の役に立つのか　28
自分を幸せにする責任　31
自分を「work」させる　38
誰でも共通の「幸せになる方法」　42

第二章 「自分を予約する」ための7つのステップ――45
ステップ1 時間の量を見る手帳を探す 46
ステップ2 時間を面で確保する 49
ステップ3 移動時間も書こう 55
ステップ4 プライベートも、一カ所に 59
ステップ5 自分を予約する 64
ステップ6 「やること」リスト、廃止 79
ステップ7 いつも持ち歩く・いつも開く 87
第三章 時間管理に成功する手帳選び――91
目的にあった手帳を探す 92
ポイント1 時間が縦に流れているバーチカル手帳 93
ポイント2 三〇分単位で時間の量が見えること 95

目次

ポイント3　見開き一週間であること　98
ポイント4　月曜日から日曜日まで、同じ大きさであること　100
ポイント5　メモ欄が小さく、時間枠が大きいこと　102
ポイント6　やることリストがない　104
ポイント7　手帳の色も大きさも大事　106

コラム　ワークライフバランスとは、ベストパフォーマンスを出すこと　108

第四章　「自分を予約する」実践Q&A――111

Q　自分を予約したいが、企画書を書く時間など、かかる時間をどう予測したらいいですか?　113
Q　上司や同僚など、他人の予定も書きとめたいのですが、どうやって書いていけばいいのでしょうか?　115
Q　提出物を仕上げる、または、プレゼンまでの計画など、少し長期的な計画は、どのように立てたらいいですか?　118

Q 優先順位をどうつけますか？ 123
Q 「仕事が六時で終了」なので、それ以外の時間帯は、手帳にいらないと思うのですが…… 125
Q 事務職なので毎日同じ仕事。特に書くことがないのですが 127
Q 依頼される立場なので、自分の仕事の計画を立てられないのですが 129
Q 計画を立てて仕事をしていたら、別の急ぎの仕事を頼まれました。どうしたらいいですか？ 130
Q どうしたら残業を減らすことができますか？ 131
Q 数人でアポを調整する場合や、不確定な予定はどう予定を記入したらいいですか？ 134
Q 予定がどんどん変わったり、キャンセルされたりすることもあるのですが、そのような計画変更はどのようにしていますか？ 137
Q どんなペンを使えばいいのでしょうか？ 140
Q 試験日に向けて、勉強の進め方はどうやって計画すればいいですか？ 142
Q 子どもの時間管理もできますか？ 144

Q 友だちの誕生日などは、どんなふうに記録するのですか？ 146
Q 大切な言葉は、どこにメモするのですか？ 148
Q 「毎月映画を見たい」、という、日時の決まらない目標は、どうやって計画したらいいですか？ 152
Q たとえば、二年後にブータンに行きたいなどの長期的な計画の場合、どんなふうに書き入れたらいいですか？ 154
Q テレビや雑誌で見た素敵な温泉の情報は、どこにメモしたらいいですか？ 157
Q 週二回、スポーツジムに通いたいと思っています。どうやって計画を立てたらいいでしょうか？ 160
Q 「やる」と決めて計画を書いても、やる気が出ないことがあるのですが、どうしたら、書いたことが実行できるようになりますか？ 164
Q 計画を立てても予定通りに上手く進まないことばかりです。上手くいく、計画の立て方はありますか？ 166

Q 時間管理をやろうと思うのですが、手帳を使うことさえ長続きしません。続ける方法はありますか？ 169

Q 会社でのスケジュールツールや、携帯などのスケジューラーとは、どのように使い分けをしたらよいのでしょうか？ 170

Q 慌てることはありませんか？ 173

おわりに 175

付録 自分を予約できた五人の事例 181

アクションプランナーを使い年収が二倍になったドッグカウンセラー 182

時間を可視化することで「できる」という実感が増しています 185

目次

年間一〇〇冊購入する
アクションプランナーの伝道師　189
やるべきことを明確にして
仕事を効率よく進める　192
アクションプランナーを使って
インテリアコーディネーターの資格を取得　195

第一章

時間管理の目的とは何か

何のために、時間管理をするのか

「時間管理をしたい」という人は多いが、何のために時間管理をするのか、時間を管理するとどんなよいことがあるのかを明確に理解している人は少ないようだ。時間のことに限らず、困った状況を解決しようとする場合、問題が何かを明確にすることと、それを解決したときに体験する世界、ビジョンを明確にすることがとても大切である。

では、時間管理によって解決すべき課題とは何なのだろう。これは、言い換えれば、時間管理をすると、どんな毎日になるのか、あるいは時間管理が上手くいくと、自分はどんな気持ちになるのかという問いである。それをまずしっかり考えていきたい。

「どうして時間管理をしたいのか」と理由を尋ねると、多くの人が、こんなふうに答える。

・もっと効率よく仕事をしたい
・与えられた仕事、やりたい仕事を、締切日までに完了したい
・長期のプロジェクトの計画を立てたい
・もっといろいろなことをしたい
・プライベートでやりたいことを、できるようにしたい
・試験日までの勉強計画を立てたい
・営業成績アップのための営業計画を立てたい
・子どもとの時間を増やしたい
・ダブルブッキングをなくしたい

そして、

・「なんとなく忙しい」から抜け出したい

確かに、私たちが、「時間管理をしなくては」、あるいは「時間管理をしたい」と考える背景には、今挙げたような「現象」がある。何か上手くいかないことが起きて、「これを解決しなくては」と考え始めたその先に時間管理があったということだ。

しかしこれらは、時間管理ができていないときに体験するいくつかの現象にすぎない。

時間管理というのは、ただ単に、効率を上げることでも、ダブルブッキングをしないようにする、というような間違い防止のためでもなく、実はもっと大きな目的を達成するためのものなのだ。

どんなものでもそうだろう。目の前の課題を解決することに必死になる人は、達成感もなく、また同じ課題が繰り返され、ぶつかる。しかし、行く先の目的を理解し、コミットした人は、途中で何が起きようと必ず道を見つけ出し目的を達成する。大切なことは、どんなときでも目的を明確にすること。そして課題にぶつかったときは、どうしてそれが起きたのか、その原因を解決し、あらためて先にある目的を思い出す。そうすれば、やる気もアイディアもわき出て、明日の自分の人生をよりよくすることができる。時間管理も同じだ。

時間が上手く使えたときのことを考えてみよう。たとえば「効率よく仕事ができた」というときの気持ちはどのようなものだろうか。あるいは「約束を守ることができた」ときの気持ちでもいい。それらはどれも、達成感だったり、充実感だったりと、自分が満たされる気持ちにちがいない。この気持ちこそが時間管理の目的だと私は考えている。

一つひとつの現象の先にある大きな共通の行き先を考えてみたとき、私は、時間管理とは、「自分が、自分を動かしている実感」を得るために行うものだと気がついた。

「自分が、自分を動かしている実感」とは、自らが主体的に考えて、行動している状態。自分が、自分の思い通りに動けていて、成果を出している状態だ。

どんな行動をしていても、それが自分の思った通りの行動だったら、納得できる。自分が想定したような時間のかかり方であれば、受け入れられる。

しかし、自分の想定を超えて時間がかかったり、自分の想定していなかった仕事の量があったり、自分がやりたいと思っていたことと違うことをしてしまったりすると、どうも時間が上手く使えていないとイライラするのではないだろうか。この「想定外」を減らすということが重要なのだ。

「自分が、自分を動かしている実感」があると、私は、自分自身をマネジメントできていると満足することができる。そしてそれは、「嬉しい」「幸せ」「自信」「安心」という気持ちにつながっていく。

そう。時間管理とは、自分を幸せにする一つの方法なのだと、私は理解したのだ。

「幸せ」は、何の役に立つのか

では、幸せというのは、いったい何だろう。「幸せ」とか「ハッピー」「幸福」「満足」という状態は、何かの役に立つのだろうか。

ちょっと気恥ずかしくなるような「幸せ」「ハッピー」という言葉だが、実は、これらは人生にとって、大変重要な「体感」であることを認めなくてはならない。もしかすると、人生で一番重要な体感かもしれない。

何かが上手くいったときの満足感。成し遂げた仕事が受け入れられ、褒められ、大切にされ、評価されたときの喜び。試験に合格したり、売上目標をクリアしたときの達成感。夜、熱いお風呂に入って、「アー、最高だ」と感じるときの充実感。気の置けない友人たちと楽しい時間を過ごしたときの安心できる気持ち。愛する人を抱きしめたときの幸福感。このような幸せな気持ちは、私たちの人生でとても重要なのだ。なぜか。それは、このような感情を体感しているときの私たち自身の精神状態、思考や行動の変化に答えがある。

あなたは、自分が「いい気持ち」のとき、他人に、どんな態度で接するだろう。
あなたは、「いい調子だ」と感じているとき、どんな目標設定をするだろう。
あなたは、最高に嬉しい知らせを聞いたとき、どんなことをしたくなるだろう。

人は、幸せなとき、プラスの発想・行動をする。

そうなのだ。人間が、よい行いをするときは、その人が、「いい気分」「上機嫌」「幸福」なときなのである。自分が褒められ続けているときは、周囲の人の話を大きな気持ちで聴くことができる。

部下から失敗の報告を受けても、いい指導ができる。

仕事がたくさんあっても、「よし、いい仕事をするぞ」とやる気が出る。

目標設定の際、少し目標値を高くしようと考える。

生産性が高まる。

子どもたちとも優しく話ができる。

他人に優しくしたくなる。

……とにかく、いいことをしたい気持ちになるのである。

幸せでいること、とは、自分だけのわがままでも、エゴでもなんでもない。むしろ、幸せでいることは、自分自身の存在意義を最大限に発揮するための条件であり、周囲に対して貢献するための、社会人としての一番の基本なのである。

自分が幸せでいることで、自分の言動、思考にこんなにも影響するのだったら、いつも「幸せな状態」にしておく術を持っておくことは、誰にとってもプラスのことだろう。幸せは、役に立つ、のである。

自分を幸せにする責任

「幸せ」が、そんなによいものならば、いつも、「幸せ」だったらいい。

では、どうやって、自分を幸せにしていくのか。

そもそも人は幸せになる権利がある、と言われるが、ではいったい誰が、自分を幸せにしてくれるのか。

友人？　パートナー？　同僚？　上司？　親？

その人たちが、あなたが毎日幸せでいるような環境をつくってくれるのだろうか。引っ越し？　昇進？　転職？　入学？　就職？　結婚？

その出来事は、その後のあなたの人生を毎日幸せにしてくれる魔法なのだろうか。

そんなはずはない。

確かに、昇進や転職などで環境が大きく変われば、幸せを体感する機会は増えるかもしれない。

友人や恋人、同僚や家族の言動が、自分の幸せに影響を与えることもあるだろう。それらは、私たちの幸せのきっかけとなることもあるし、私たちが幸せになるための条件であることも多いだろう。

しかし、継続して自分が幸せを感じられるかどうかは、自分次第。環境は常に変化するもので、自分を継続的に幸せにしてくれるわけではない。あるいは、自分が何もすることなく、周囲の人々や環境が、自分を幸せにし続けてくれるわけではない。自分がそこで何を求め、どんな行動をし、何に貢献するのか、幸せになるための自分自身の行動が、結局は自分を本当の幸せに導くのである。

ここまで読んでいれば、誰が自分を幸せにするのか、わかったはずだ。

そう、自分自身なのである。

私たちは、唯一、自分を幸せにできる存在である。それは同時に、自分が周囲によい貢献ができるように、常に自分自身を幸せにする義務、責任がある、ということなのだ。


責任？

そう言われると重苦しいと感じる人もいるかもしれないので、少し責任についても話をしたい。


責任とは、日本語で書くと「責める」「任せる」と書く。どうも今までの人生体験から、私たちは「責任者」とは、「失敗したときに、責められる係を任された人」というイメージがあるようだ。だから、責任者とは、嬉しいポジションというより、厳しいポジション。だからこそ「責任」は失敗したとき、辛い目にあうことをイメージさせるちょっと重苦しい言葉。あまり進んで責任者になりたいという人が出ないというのも、この言葉のせいかもしれない。
しかし、これを英語で考えてみるとどうだろう。
Responsibilityとは、
Response × Ability
つまり、対応 × 能力 ということになる。
対応能力と考えると、前向きな気持ちになれる。これは何が起きても、どのように対応すればよいのかを提案できるという能力。何かが起きたとき、いち早く、何をすればよいのかを指示できる能力。だから、
たくさんの場面を体験した人のほうが、対応能力は高くなる。
たくさんの失敗を経験した人のほうが、対応能力は高くなる。

ということは、「自分を幸せにする責任」とは、たくさんの場面を体験することであり、たくさんの失敗を体験してもいいということである。だから自分の人生を、自分の手で、幸せにしていこう！　と考え、行動する人の「自分を幸せにする責任」とは、上手くいかないことや、幸せではないと感じたときに、自分を幸せに戻してあげ

る「対応能力」を持つ、ということなのだ。どんな方法で自分が幸せを感じるのかを理解し、実行できる能力。気持ちがふさぎ込んだときに、すぐに戻せる対応能力。「自分を幸せにする責任」とは、そんな力をつけ続けること。たくさんのトライ＆エラーをしながら、自らを幸せにしていく工夫を蓄えていくことなのだ。そして、その積み重ねこそが、自分を幸せにする責任、と考えると、どれだけ楽しい挑戦だろう。

私たちは、幸せを感じることで、人として機能する。幸せを感じることで、より周囲に貢献できるプラスの言動や行動ができる。

だから一人ひとりの大人は、自分自身が幸せな状態であり続けるための責任を持っている。そしてそれは、自分自身が最高の行動をすることにつながり、まさに、周囲に、職場に、家族に、友人に、社会に貢献するための自分自身の第一歩につながっている。

自分を幸せにしてくれるのが誰かはわかった。では、どうやって自分を幸せにしていったらいいだろうか。

そもそも「幸せ」とは漠然とした言葉だが、これは、結果ではなくプロセスである。毎日「幸せ」を積み重ねることで、「幸せを感じる心」「幸せを体感できる心」をさらに育てる。人生が、毎日の積み重ねであるように、幸せも、毎日の幸福感の積み重ねなのである。

だから、毎日、小さな幸せ、小さな喜び、小さな安心、小さな達成感などを積み重ねていくことができるようにすると、「幸福」が増えていく。

しかし、人によって、幸せのつくり方は多様だ。

たとえば、中には、大好きな曲があって、「あの曲を聞くと気分が高揚する」と言う人もいるだろう。その曲が、クラシックだと言う人もいれば、アメリカのミュージシャンの音楽だと言う人も、演歌だと言う人もいるだろう。自分を幸せにできる曲があるのなら毎朝、その曲を聴いたらいい。

週末の朝、クラシック音楽を聴いて、ハーブティーを飲みながら、フレンチトーストを食べると幸せだと言う人は、毎週末、そんなふうに朝を過ごしてみたらいい。オフィスのデスクの上に、花を一輪かざると、職場で気分がいいのなら、好きな花を置けばいい。もし、晴れた日曜日の朝、五キロ走ると気持ちがいいなら、走ればいい。

人それぞれ、幸せを感じるモノやコトは、違う。どんなことがあっても、自分を幸せにし続ける、または、戻してあげるスイッチのようなものを、たくさん持っていたらいいのだ。

他人には、私の気持ちはわからない。今、何をしたら、私が幸せを感じるのかを、いつもどんなときでもわかる、という人はいない。だから、自分から明確に、具体的に求めなくてはならない。

つまり、自分自身を幸せにするのは、自分の仕事。

自分で自分を幸せにする責任があるのだから、その責任を果たすために、自分がどういうことをすると「幸せ」を感じるのか、「気分がアップ」するのかを、自分で具体的に知ることも責任である。その方法は何通りでもあるはずだ。自分自身の幸せのつくり方として、あればあるだけいい。そしてそれを探求し、数多くの「幸せになる方法」を実行し続けること。自分を幸せにして、その幸せがもたらすエネルギーで周囲をどんどん明るく、幸せにしていってほしいと思う。自分で自分の最高の環境をつくるようにしていくことは、楽しいことなのだ。

自分を「work」させる

「幸せ」の役割について、もう少し考えてみたい。先ほど私は、「私たちは、幸せを感じることで、人として機能する」と書いた。

「幸せ」が大切な価値観であり、それを体験し続けることで、私たちは、社会に、組織に、貢献できるということも学んだ。

では、貢献とは何か、機能とは何かも考えてみたい。

「機能する」「役に立つ」という意味の単語は英語で「work」。この単語を、多くの人は「働く」「仕事をする」という意味だと記憶しているだろう。しかしここで再確認したいのは、「働く」という言葉の本来の意味は、「機能する」「役に立つ」ということだということだ。

たとえば「This clock is working.」と言えば、「この時計は正しく時を刻んでいる」と訳す。

時計にとっての役割、時計としての貢献。時計が機能しているということは、正確に時を刻むこと。だから、日本語では、「この時計は正確に時を刻んでいる」と訳すことになる。

もちろん日本語の「働く」も同じだ。たとえば「この薬は、腸で働きます」などと言うが、それはこの薬は、腸で効き目を発揮するということだから、腸で機能する、役に立つという意味である。

最近「ネットワーク」という言葉をよく耳にするようになったので、この単語の中の「ワーク」の意味も考えてみよう。コンピュータのネットワーク、人がつながるという意味でのネットワーク、自治体同士が連携していく地域ネットワークなど、まさにさまざまなシーンで、使われる言葉だ。

しかし、多くの人が、このネットワークの本当の意味を理解していない。ネットワークとは、ネットとワークに分けて考えるといい。

「ネット」とは、網という意味。二つのコンピュータがつながり、線になり、また、三つ目、四つ目とつながっていくと、網目状態になる。これが、コンピュータのネットだ。同じように、ひとりの人間を点として考えると、人と人がつながったところは線となり、それが複数の人とつながっていくと網になる。地域同士も同じだ。これが、日本語で言うところの人脈であり、人のネットである。

このように、網目状態になっていくことがネットだが、多くの人は、この状態をネットワークと言っている。でもこれでは、まだ「ネット」のみ。肝心のワークの意味が抜けているということになる。

コンピュータ同士が、いくらケーブルでつながっていても、無線でつながっていても、互いに役に立ちあい、機能していなければ、ネットワークにならない。情報が移動しなければ、互いの役に立てず、ネットが、ワークしていない、ということになる。物理的につながることがネットワークではなく、データを送る、情報を共有するといった機能を果たしてはじめてネットワークなのである。

人でも同じだ。○○会に入会した、名刺をもらった、といったことでネットワークができたなどと言う人もいるが、これはまだ、ネットがワークしていない。ネットが「メイク」（ネットづくり）された状態。

ネットワークとは、知り合った人たちと、自分自身が「ワーク」しなくてはならない。「ワーク」、つまり互いの役立つ、ということだ。どのように関わり、どのように自分が貢献するのかによってネットがワークするのかどうか、決まる。人と人のつながりの場合は、自分が相手に情報を提供する、親切に声をかけるなど、自らが「与える人」（ギバー）であることが大切だ。この点は、『自分が輝く7つの発想』（光文社知恵の森文庫）に書いたので、そちらを読んでほしいと思うが、まずは、自らが貢献することから、すべてが始まることを理解しておいてほしい。

このように「work」の意味を理解すると、この本を読むことができる立場にある私たちは、まず、基本概念として、自分をワークさせることが、人と人のつながりにおける基本的な責任であることが理解できるだろう。自分が幸せだと、自分を機能させることができる。自分が機能すれば、周囲に役に立つということであり、存在意義が実感できる。さらに幸せ体感が増える。自分が役立てば、喜び体感が増える。だから、いつも自分自身が一番機能する状態にしておくのが、一人ひとりの責任なのである。

誰でも共通の「幸せになる方法」

幸せを感じる出来事や環境は、一人ひとり違うことはすでに述べた。自分を幸せにする責任を果たすため、落ち込んでも自分をハッピーに戻すための対応能力は、毎日工夫して発見していったほうがいい。しかし、実は一つだけ、誰もが共通して、すぐにできる、幸せになる方法がある。それが、本書で説明する「自分を予約する」手帳術、という時間管理なのである。

時間管理は、自分が、自分を機能させるようにする仕組みである。それは、積み重ねることによって、上達し、満足度も高まり、自分の人生をマネジメントすることにもなる。マネジメントするということは、自分自身を最大限に貢献させるということであり、それは、「自分をワークさせる」ということであり、それらによって体感する「幸福感」が、また次のプラスの行動を、自分を予約していく意欲の源になっていくのだ。

自分の時間をどう使うか。自分が、その時間に何をするのかという行動管理が、まさに、幸せの方程式なのだ。時間管理をシンプルに考えてみると、

期待する行動（やりたいこと）＝実際の行動（できた！）

という組み合わせだろう。やりたいことができれば、私たちは誰もがハッピーになる。

やりたかった三五ページまでの勉強が、できた！　ら、嬉しい。まとめたかった報告書が、書けた！　ら、嬉しい。行きたかったお店に、行けた！　ら、嬉しい。今日こそはあの仕事を終了させたい。で、終了した！　ら、嬉しい

……とても単純だが、自分が期待したことを、自分ができたとき、私たちは誰もが満足感を感じる。時間管理とは、この組み合わせを毎日数多くつくるための仕組みな

のだ。

繰り返しとなるが、時間管理の「目的」は、自分自身をハッピーにすること。そして、なぜ自分を幸せにするのかというと、自らが幸せのとき、私たちは、最高のプラス発想と行動により、周囲に大きな貢献を果たすからなのである。

家庭にとって、組織にとって、社会にとって、そして、地球にとって、私たち一人ひとりが、自分を幸せにするということは本当に大切な基礎の基礎であり、社会に暮らす皆が果たすべき、基本的責任なのである。


では、どうやって、自分の期待する行動を、実際の行動にしていくのだろうか。時間管理の具体的な方法をシェアしたいと思う。

第二章

「自分を予約する」ための7つのステップ

ステップ1　時間の量を見る手帳を探す

「時間管理」をしたいと言っているのに、多くの人が、時間の見えない手帳を持っている。通常、時間は見えない。時計を見れば今の時刻はわかるが、時間の量はつかめない。

自分の今まで生きてきた時間の合計も、これから目の前に広がる自分の未来の時間の分量も、目では確認することができない。でも「時間」を管理したいのだから、管理したい時間を見る必要がある。見える化することで、はじめて管理できるようになるからだ。

そこで、手帳選びが重要になってくる。手帳の選び方については後で詳しく書くが、どんな道具でも、目的にあった選び方をすることが大切だ。しかし、なぜか手帳は「今までの癖」や「今までの使い勝手」など自らの癖、好み、習慣が重要視されているようだ。もしも手帳で自分の時間を管理するのであれば、メモでも日付でもなく、

手帳選びはとても重要。時間軸や、数字が書いてあるだけでは時間管理はできない。「時間が見える」＋「行動が書ける」アクションプランナー手帳で自分を予約しよう。

詳細：www.actionplanner.jp

ましてやこれまで使ってきたという親しみやすさでもなく、何より時間が見やすいことを優先する必要がある。

「自分を予約する」ためにまず大切なことは、時間の量と流れを見えるようにすること。自分が使える時間の総量を、目で見えるようにしておくことなのだ。

ときに私たちは、ある一定の時間が「速く時間が経った」と感じたり、「今日は時間が長く感じられた」ということがあったりする。しかし実際の時間は、時計で計測する限り、同じ速度で進んでいる。充実した時間も、ボーっと過ぎた時間も、実際は同じスピードで進んでいる時間だ。だから、自分を予約するためには、自分の持っている時間が、自分の気分と関係なく、「同じ長さの時間」で表現されている必要がある。手帳は、自分を予約して、自分の行動が見えるようになっていくための、大切な基本環境。正しく選び、正しく使うと、驚くほどの変化を体感することだろう。

これから説明する「自分を予約する」ためのステップは、そうした手帳を前提にしたものと理解して読み進めていただきたい。

ステップ2　時間を面で確保する

　すべての時間が見える手帳を開いたら、次に、重要なことは、今までと違う書き方をすること。今までの書き方の癖を変えることだ。多くの人は、手帳に他人とした約束、「アポ」を書きとめてきただろう。たとえば、「九時　営業会議」とか「七時　花子と食事」と、書いていたはずだ。手帳に時刻がふっていてもふってなくても、まず約束の時刻を書いて、その横に用事を書く。会議だったら、始まる時刻を書いて、その横に何の会議かを書く。そんな書き方だろう。

　これなら確かに、約束したアポの時刻と内容がわかる。手帳を見れば、その日のアポがどんなものかすぐにわかる。通常は胸ポケットにしまい、カバンの中にしまい、何か尋ねられたときに、その手帳を開いてみて、その日に、誰と何の約束をしていたかを確認すればよかった。この手帳で見えていたのは、時間でもないし、自分の行動でも、計画でもない。他人とのアポイント、他人との約束の時刻や数だ。時間管理ではなく、アポ管理をしていた、ということになる。

また、この書き方で見えないのは、それぞれのアポがどのくらいの時間がかかるのか、自分のその日の時間の中で、それがどれだけの割合を占めているのか。このアポ以外に、どのくらい時間が余っているのか、という使う時間の量、余っている時間の量が見えないのだ。

特に小さな手帳を使っている人や、その「日」のスペースが小さい人は、その小さなスペースに三つのアポを書いたら、それだけで「忙しい日」に見えていただろう。忙しかったのではない。書くスペースが小さかっただけだ。そして、時間を見ていたのではなく、アポの数を見ていたからだ。アポの数が多いと、憂鬱な気分になり、新しい案件が入ってきたら、「この日はちょっと厳しいな」となってしまう。

実際はそれぞれのアポが一時間で終わるものばかりかもしれない。もしそうなら、一日のうち埋まっている時間はたった三時間。ずいぶんゆっくりとした日だといえる。その日は他人にも優しくでき、もちろん、もっと他の仕事を引き受けることもできるだろう。

アポイントの数を見たいわけではないのだから、アポ帳からは脱却し、時間を見ることを習慣づけたい。

では、どう書くか。

まず今までのように、アポを書くとき、自分の手で時刻を入れて書きとめるという習慣から、手帳に書かれている時刻の数字を活用することから始めてほしい。具体的には、開始時刻の数字を○で囲み、終了時刻までしっかり「↓」の線を左端に引く。アポを書くのではなくて、そのアポにかかる時間の量を、手帳の上で「面で」確保する。そんな書き方にシフトしてみてほしい。

一件のアポ、から、二時間のアポ、と考え方を変えるのだ。

そのためには、会議でも打ち合わせでも、基本的に終了時刻を明確にする必要がある。その会議は三〇分なのか、二時間なのか、それらを知らなければ、自分の時間は管理できない。

今まで、終了時刻を決めないで進めることが多かった人は、ここで一つのチャレンジがあるだろう。「終わり時刻、わかんないなあ」という人も多いかもしれない。自分で決めることができない立場の人も多いだろう。終了時刻を決めない上司・クライ

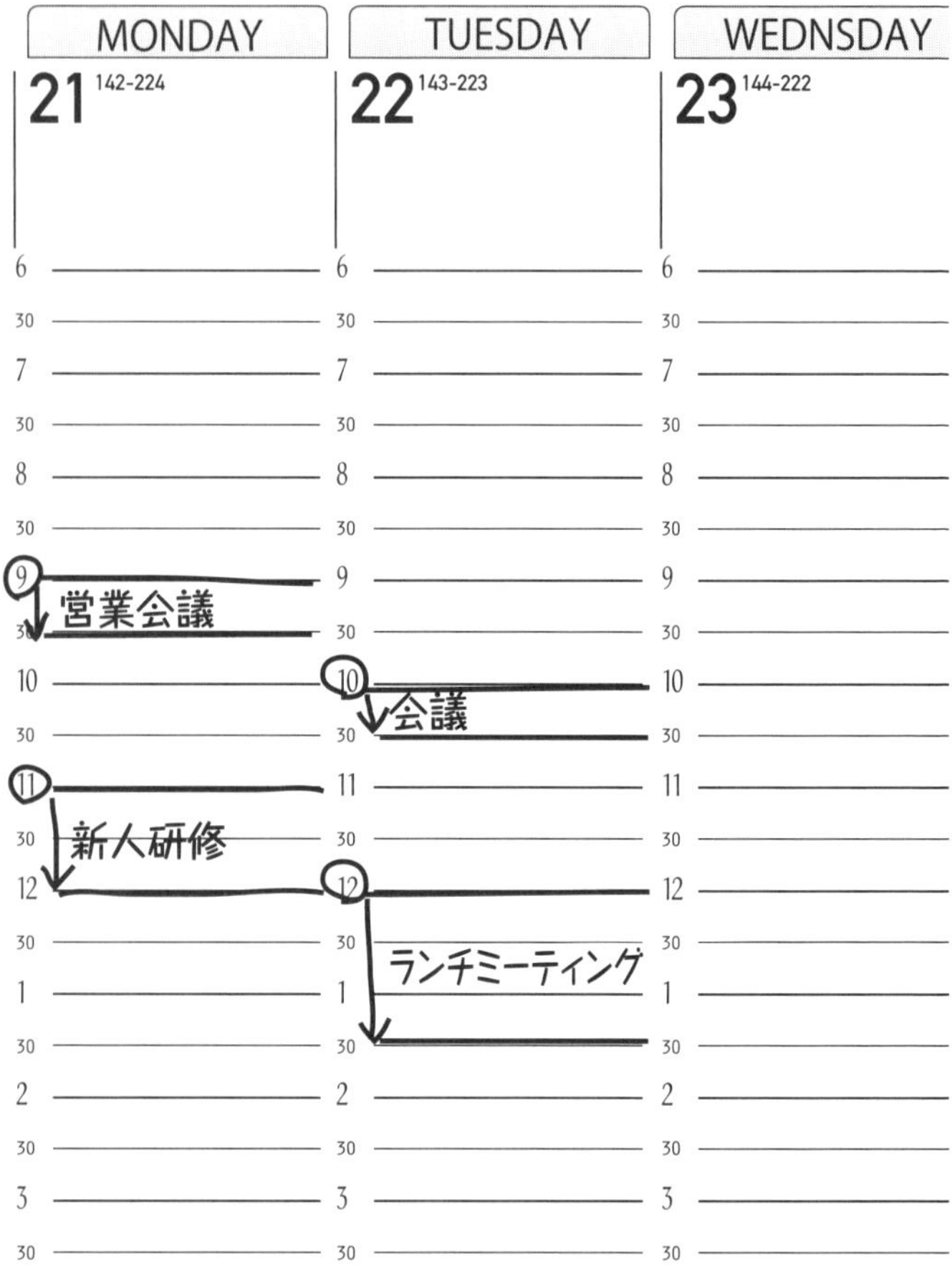

アクションプランナーで予定を書き込む場合は、時間軸を使って、さまざまな約束や案件の時間を面で書く。面として見えるように、始まりと終わりの時刻はしっかり横線を引こう。

アントがいる場合は、決めてくれるように話すか、あるいは、「終わりそうな時刻」を想定して、長めに、自分の時間を確保しておくのがいいだろう。どちらにせよ、その案件を手帳では面で確保することが大切だ。

学校の時間割を思い出してみよう。時間割は一時間目、二時間目、三時間目というように、箱型に仕切られている。そして、一時間目と二時間目の間は五分休憩だから、縦が狭い。逆に二時間目と三時間目の間は二〇分休憩だから、縦が広い。これなら、見た瞬間にすぐに時間の量を把握できるはずだ。

五分休みは短いからトイレに行くだけ、二〇分休みは長いから校庭で遊ぶ、というように、視覚的に時間の長さを把握できれば、行動を計画しやすい。しかし、大人は時間割を持たないために、行き当たりばったりで行動してしまうことが多い。こうしたことから脱却するには、手帳を「自分の時間割」として設計することだ。

そうなると、書くときに重要なのが、横線だ。横線を右端までしっかり引かないと、ただ、時間軸にそって、縦に矢印線が連なるだけで、時間を確保したということが視覚的にとらえられない。しかし横線を引くことではじめて面となり、時間が箱のように飛び出して見える。目で見える部分としても、時間を三方向から囲ってしまうということだ。そして、その時間に行うことを、すべてその線で囲った枠内に書く。枠内、という意味は、二時からなら二時の線を上にはみ出さないこと。三時までなら、三時の横線の下にはみ出さないこと。文字がはみ出してしまうだけで、どの時間の案件なのかがわからなくなる。この枠を文字が飛び出してしまうと、前後の時間帯まで何か予定が入っているように見えるので、時間を面でとらえることができない。しっかり枠内に書いてほしい。枠内に書くからこそ、空いている時間と、使う予定の時間のメリハリがはっきりしてくる。

ステップ3　移動時間も書こう

他人と約束した会議日程や食事会といったアポだけを手帳に書いてきた人にとっては、時間の量を面でしっかり書いてみただけでも、さまざまな発見があるだろう。しかし、それは始まりにすぎない。次は、移動時間を書いてみることだ。

移動時間を書く、と言うと「わ、面倒だ」と考える人がいるようだが、それは違う。自分の習慣や固定観念を優先させるか、新しい方法を取り入れて明日の自分が成長することを、進化することを望むのか。自分を変化させたいのなら、今までの固定観念から離れてみよう。ドラえもんの「どこでもドア」でもないかぎり、私たちは、次の会議の会場入り口に、突然現れることはできない。必ず何らかの手段で移動している。ここでは、手帳をアポ帳ではなく、自分の時間や行動を見えるようにしているのだから、移動していることも見えるようにすることが大切だ。一本の時間軸の上で、自分の行動が、つながって見えるようにしていきたい。移動時間を書くことは、自分が見えてくるということなのだと感じてほしいと思う。

アポを書いたときに、その前後に移動する必要があるのかないのかをちょっと考えてみる。一五分電車に乗るということであれば、会社を出てから、相手の場所に到着するまでを、ざっくり三〇分を枠として確保しておこう。

予測した移動時間は手帳にも記入する。移動という行動は、他人とかわす約束ではないが、自分の時間を使う行動には変わりない。時間の総量が見えるようにする手帳の上では、しっかりと時間を確保しておくと、自分の動きが見えてくる。だから記入するときには、「ここは移動中」と目で見てわかるように線を引いておくということだ。この時間をしっかり確保することで、遅刻も予防できるし、ダブルブッキングもしなくなる。

このときの線はアポのときとは違う引き方にするといい。時間の数字が書いてある縦のタイムラインを左端とすると、私の場合は、そこから一センチくらい下げて（右側に）縦線を引く。そうすると、会議等のアポは、アクションプランナーのその日の幅いっぱいに囲まれる形で目立ち、移動する時間は、それらのボックスをつなげるよ

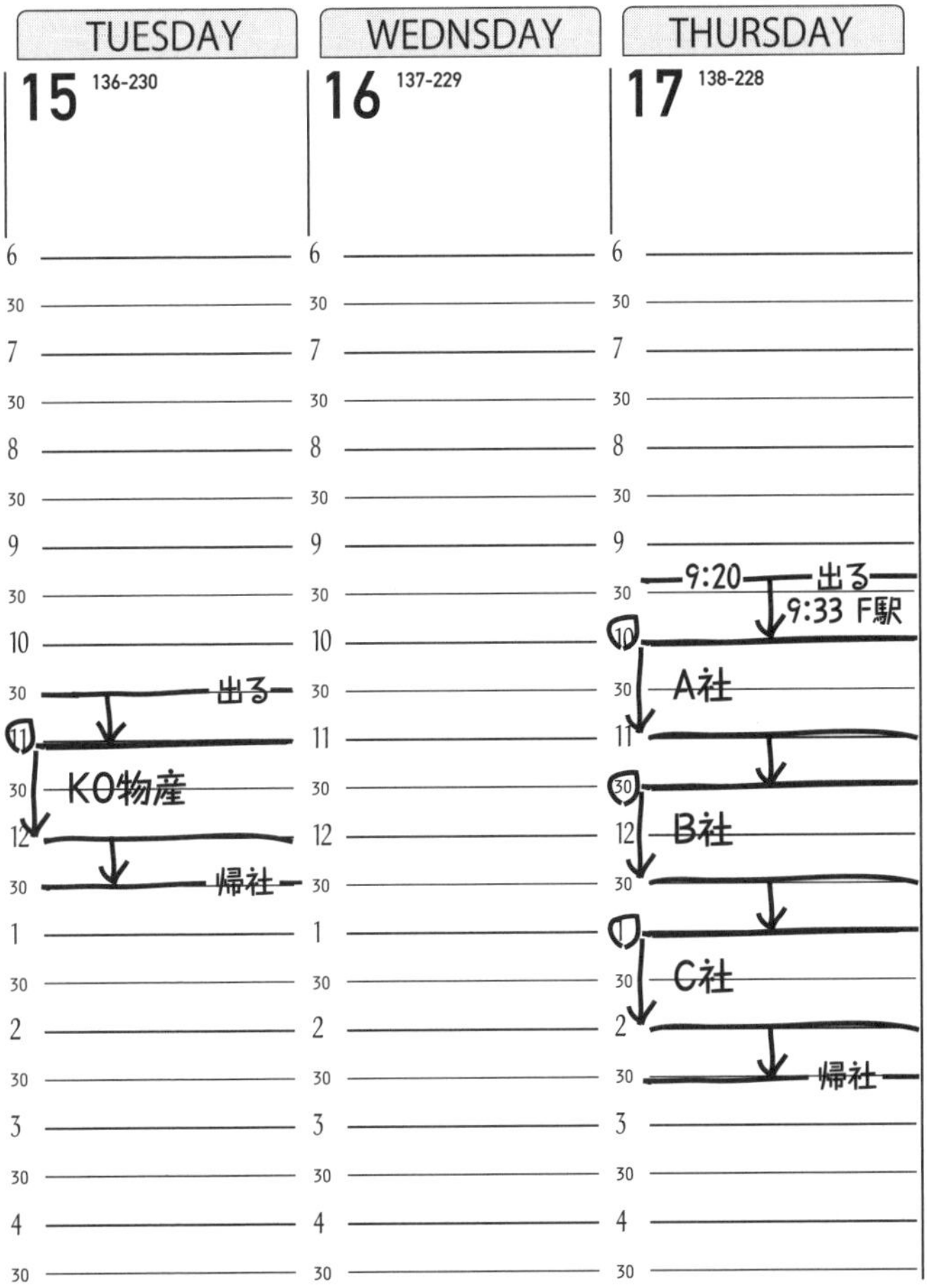

移動時間を書くことで、自分の動きを可視化できる。移動時間を把握できれば、使える時間も見えてくる。

うな形に見えるのだ。この視覚的なメリハリがかなり重要になってくる。

約束のおよそ三〇分前にオフィスを出るならば、その時刻のところに横線を引き、その線上に「出る」と記入するなど、何の横線かわかるようにしておくといい。もしも、ネットなどを使って、乗るべき電車を検索したなら、その電車の時刻も、同じこの場所に書きとめておけばいい。そこで九時三三分の電車に乗る必要があるのなら、オフィスを九時三〇分に出ても間に合わない。その場合は、自分の手で、九：二〇と書いて、そこから横線を引き、線上に「出る」と書けばいい。

新幹線や飛行機で移動するなど、長時間移動中という場合もあるだろう。自分の中で、どのくらいの移動時間なのかわかるようにしておきたい。移動時間が見えると、その前の準備も、家やオフィスを出る時間も想像できるようになり、とても嬉しい。

もちろん、時間管理をする目的は、自分をハッピーにすることだったから、移動するときの電車の時刻なんて調べないという人は、書かなくていい。しかし、必ず何らかの移動をするのだから、だいたいこのくらいには出発する、という時刻には横線を引いて、目に見えるようにしておくとよいだろう。思いがけない発見があるはずだ。

ステップ4　プライベートも、一カ所に

会社でのやるべき仕事は、ポストイットに書いてデスクまわりに貼ってある。会議の予定は、会社で使っているPCのスケジューリングソフトで管理している。友だちとの約束は、バッグの中の小さな手帳に書きとめてある。同窓会のお知らせは、ハガキがそのままバッグに入っている。子どもの学校のスケジュールは、自宅の冷蔵庫に貼ってある。結婚式や法事は、家の壁掛けカレンダーに貼ってある……そんな人はいないだろうか。全部ではないにせよ、一つや二つは思い当たるという人は多いだろう。

これは、いったいどういうことか!?

自分というひとりの人間の「動き」＝「行動」にもかかわらず、行動予定があちこちに分散されて記録されている、ということだ。記録というより、ひとりの人間の「指示書」が、分散されていると表現したほうが正しいかもしれない。

自分自身をマネジメントする、自分自身を動かすための指示が、あまりにバラバラ

に書かれていて、自分でも理解したり、組み合わせたりすることに苦労する。私たち一人ひとりの人生が、一つの物語、ドラマだとすると、主人公の演じる脚本が、一冊にまとまっていない状態、ということになる。

脚本のページが綴じられておらず、ページがバラバラになって、あちこちに置いてある。バラバラであっては、主人公は、自分が次に何をしていいのかわからない。これでは上手くいくはずがない。無駄な時間があるのは当然だし、ストーリーが流れるように展開していくのは、困難なのだ。

仕事もプライベートも忙しくて大変！　と言って、一日をスムーズに送ることができない人のほとんどは、これが大きな理由だと言っていいだろう。

そこで、仕事もプライベートも同じタイムライン上に書く。見開き一週間のページに、仕事でもプライベートでも、自分の行動については、なんでも書き入れるといい。私たちの人生は、一本の時間の流れの中ではぐくまれている。だから、そのまま、一つのタイムライン上に自分のしたいすべてのことを書くのがいい。

アクションプランナーの場合、見開き一週間。月曜日の朝六時から、日曜日の夜一

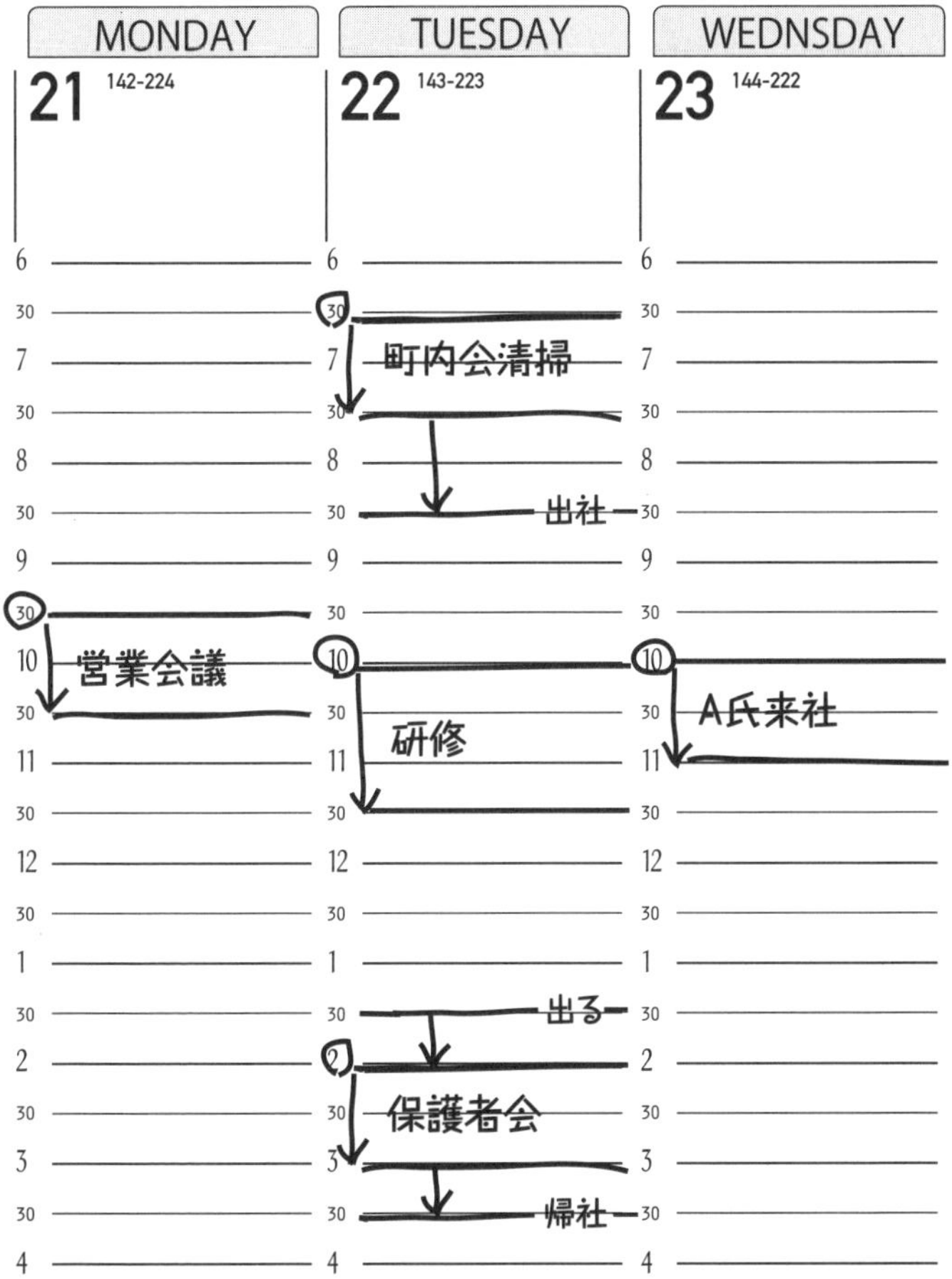

仕事の予定もプライベートの予定も、すべてアクションプランナーの同じ時間軸に書き込んでいくことで、自分の行動が一元化され、「できること」が増える。

一時半。ここに書かれた時間以外は存在しないのだから、仕事だろうが、プライベートだろうが、時間を使う行動はすべてこの時間枠の中に、一元的に書く必要がある。

もしもこの時間枠内に書くことができれば、つまり、自分の時間の確保ができたなら、行動できる可能性が高い。逆に、書けなければ、そもそも行動なんてできないということだ。A社を訪問するために、移動して、会議に出席することも、B学校に行って学期末の教師との面談に出席することも、行き先や目的は違っても行動のための時間としては同じだから、時間枠内に書くことができればでき、書けなければできない、ことがわかる。シンプルだ。今でもよく耳にする「仕事と育児の両立」などという言葉には別れを告げることができる。「ワークライフバランス」と表現されていることも、この方法で実現できるはずだ。これは後で詳しく書くことにするが、さまざまな人が、仕事以外のプライベートも充実させたいと考え始めているからこそ、ワークもライフも一つとして考え、自分を予約することが、不可欠になってくる。

ちなみに、一カ所というのは、一冊ではない。見開き一週間のページの時間枠の中を指す。その時間枠の周囲にある余白さえも使ってはいけない。メモページを使ってしまったら「一カ所」にならない。多くの手帳において、前のほうについている、見開き一カ月のイベント予定のページとか、アクションプランナーの見開き二カ月のプロジェクト・アット・ア・グランスなども、自分の行動を書くために使ってはいけない。手帳のあちこちのページに、自分の行動を書いているのでは、「一カ所」ではないのだ。自分の行動を一元化する、プライベートも仕事も同じ時間軸上に書く、手帳を一冊にするというのは、時間の流れを一本の線として認識し、一つの時間枠の中に書き入れることを意味する。

ステップ5　自分を予約する

「計画って、勉強の計画を立てることだと思ってた。でも、佐々木先生の時間管理術って、遊びも、勉強も両方計画するから、楽しい！」

ある日、私の「小学生親子のための時間管理術」講座に出席していた小学生がこんなふうにつぶやいた。

計画とは、仕事だけではない。ここが、多くの人が見落としてきた、一番大切な部分だ。やらなくてはならないことだけを書いていた手帳は、つまらないものだったろう。約束したことだけを記録していた手帳は、忙しく見えただろう。しかし、私の提案する「自分を予約する手帳術」は、まったく違う。他人との約束だけでなく、自分とも約束しながら、自分を予約していくプロセスを楽しむのだ。

そのために、まず、空き時間を見よう。

今までは、すでに埋まってしまった時間、すでに約束していることだけに意識が向いていたが、自分の未来をつくっていくためには、今、使える時間がどのくらいあるのかを知ることから始まる。そして、その時間に何をするのかを決める主体的な意識を持つことを習慣づけていこう。使える時間、まだ空いている時間の分量が見えることこそ、すべての始まりであり、そこに、自分を予約することが、今までとまったく違った自分を体験できることなのだ。

冒頭の小学生の言葉は、このことを示している。つまり、計画とは、課された仕事や他人との約束だけでなく、自分のやりたいことも含まれる。すべてを同じ一本のタイムラインの上に書くことで、遊びまでも計画できると言っているのだ。やらなければならないことだけを書くのではなく、自分のやりたいことも書く。自分がどんなふうに時間を過ごしたいのかを、まるごと、見えるようにしていく、ということだ。

では「空き時間」を見てみよう。アポイントを見るのではなく、空欄に目をやる。

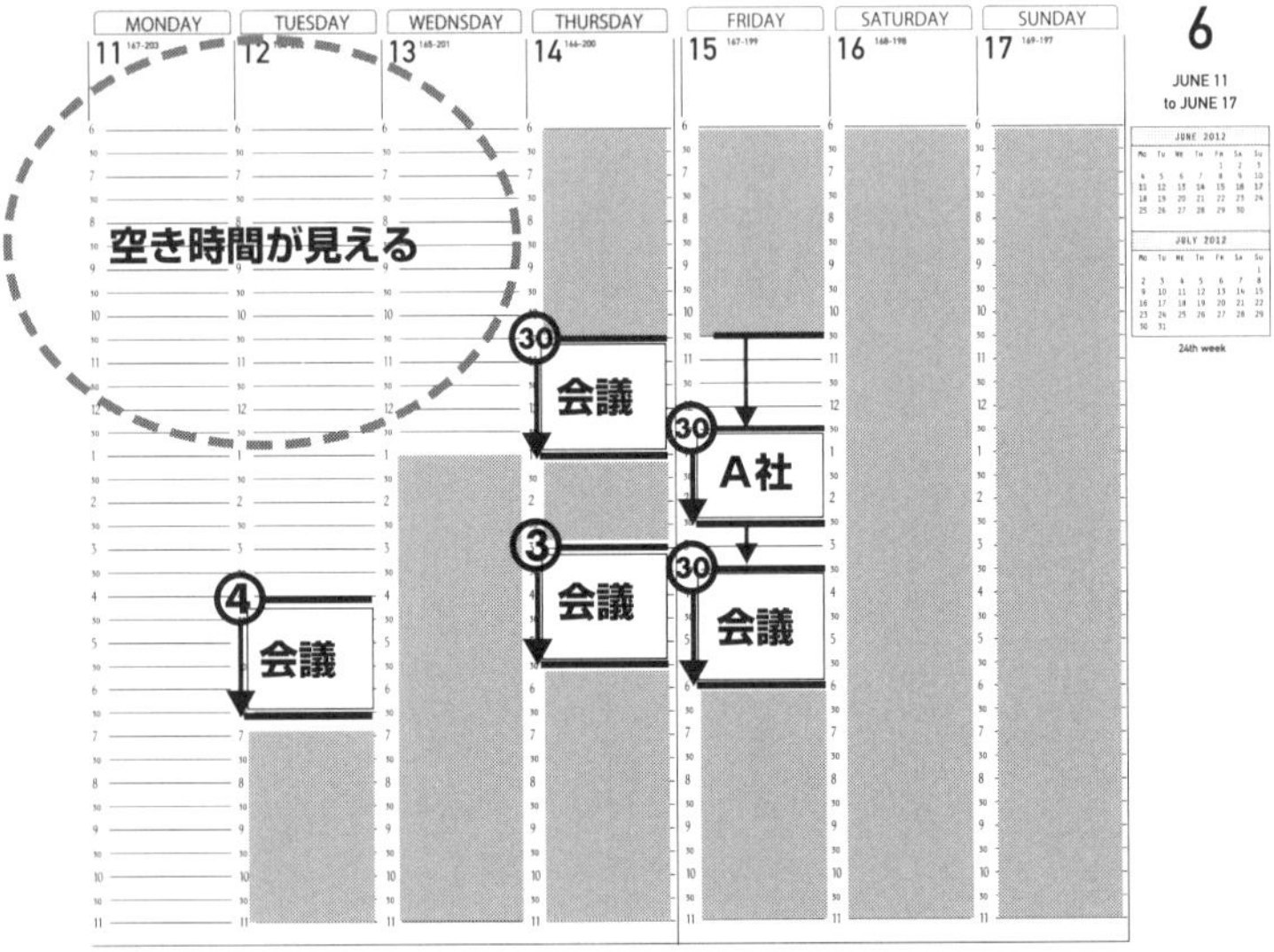

これまでのステップで、すべての行動計画を時間で表すことができたなら、自分の本当の「空き時間」が見えてきたはず。今度はその時間に他人との約束だけでなく、自分がやりたいと思うことを予約してみよう。

「なんだ！　こんなに空いている！」と、空いている時間に喜び、ものすごくリラックスした気持ちになる人もいれば、「あれ？　毎日とても忙しいと思ったのに、どうしてこんなに空いているのだろうか」とちょっと疑問に感じる人もいるかもしれない。いずれにしても、今までの方法で見えていたのは、他人とした約束だけ。すでに決まったことだけが見えていたから、忙しく感じていたことに皆気づく。自分の全部の時間が見えるようになると、自然と空き時間も見える。これが、時間管理で得られる幸せの本質だ。

今までの手帳には、他人との約束だけを書いてきた。今日からは、空き時間はすべてあなたのものだ。そこに自分を予約することを始めればいい。

予約していくのは、あなた自身がやりたいこと、あるいはやらなければならないと感じていることだ。それが思い浮かんだら、自分に予約を入れたらいい。誰とも約束をしていない、空いているように見える時間こそが、自分の財産で、幸福度を上げる源だ。この使い方一つで、自分の時間に対する充実度が大きく変わり得る。他人に約束したように、自分がやりたいこと、自分に期待していることを、手帳に書いて、予約していこう。

たとえば、モノを調べる時間を、自分に予約してみる。今までは、頼まれた仕事の締切日だけを、締切日の上のほうに書きとめていただけかもしれない。しかし、その提出期限までに自分がする仕事の内容こそが重要。腕の見せ所だ。だから、モノを調べる時間が必要なら、それをしっかり確保しておきたい。もし、明日の午前中の二時間をモノを調べる時間にしたいならば、頭の中で、「明日の午前中にやろうかな」と考えるのではなく、手帳に明日朝、何時から何時まで、モノを調べるのかを決めて書き入れる。調べ始める時刻に横線を引き、二時間分、縦に矢印を引き、そこに、自分が調べることを書く。自分のその時間を、予約するのだ。これで安心して、締め切りまでに仕事が進んでいくことがわかる。

書類を読む時間、手紙を書く時間、準備をする時間、企画を考える時間、資料をつくる時間、精算をする時間、片づけをする時間……どれも大切な仕事。やりたい、やらねば、できたら嬉しいなど、これらも「自分に期待していること」だ。であれば、それらが「実際の行動」になるように、しっかり手帳に書き入れ、時間を確保し、自分を予約していくといい。それぞれの仕事に、「どのくらいの時間がかかるかな」と頭の中で考え、自分のために時間を確保していくのだ。

「自分を予約する」という考え方は、多くの人にとっては新しいものだろう。通常は、「今日中にあの仕事を終わらせなくちゃ」とか、「週末は、あれをしなくちゃ」などと頭の中で、漠然と考えるにとどまっていて、それをいつやるのか、どのくらいの時間をかけてするのかなど決めない場合も多い。となると、いつも頭の中は、やらなくてはいけないことの記憶でいっぱいで、そもそも、今取り組んでいる仕事を何時までやっていても大丈夫なのかもわからないまま仕事をしていることが多い。やらなくてはならないことが頭の中で充満しているときは、それに必要な時間数にかかわらず「気ぜわしい」と感じるだろう。同時に、頭の中でいろいろと先のことが浮かんでくるために、せっかくの今の時間に集中できない。

さらに、そんな状態にあっても、「今、時間ありますか」などと声をかけられれば、空白の多い手帳を前に、「はい、いつでもOKです」などと答えてしまう。自分が予約できていなければ、他人とのアポイントメントばかりが増えてしまうのだ。

そこで、「自分を予約する」。

自分を予約することで、どのような具体的な効果があるのか。その実際を見てみよう。

たとえば、フリーライターの人が、雑誌社から取材の仕事を依頼されたとしよう。そのライターさんは、アポ手帳に「一一月二〇日、一一時、佐々木かをりさん」などとメモするだろう。しかし、ライターさんの仕事は、インタビューをするだけではない。そのときに録音した音声を聴いて、インタビュー原稿を書くことが、一番重要な仕事。しかし、ほとんどのライターさんは、その時間を、自分に予約していない。手帳を見る限り、何の仕事も入っていないかに見える。

ここで「原稿を書く」という大切な自分の仕事を、自分に予約する。いつ、どれくらいの時間で書くのか、予測して時間を確保すると、自分の期待通り、その時間は集

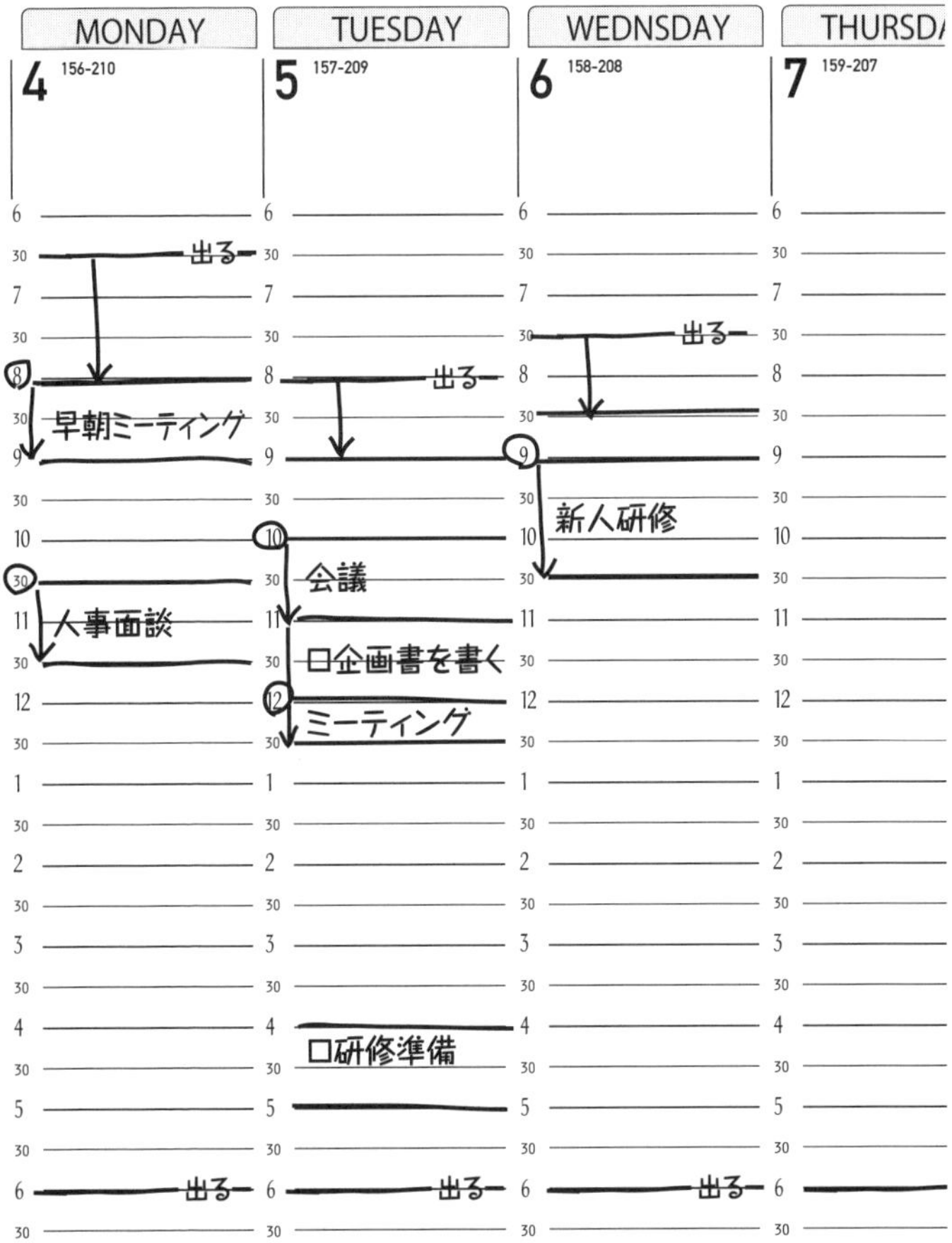

空いている時間に自分のやりたいことを予約する。自分を予約する場合は、時間に丸をつけず、やることにチェックボックスをつけて書くとわかりやすい。終わったらチェックをつけると気分もいい。

中して書くこともできる。このような仕事内容を自分を予約して手帳に記入しておくことで、本当に必要な時間が確保でき、また、まだ使える時間が見えるようになる。原稿を書こうと思う仕事始めに横線を引き、時間終わりにも横線を引き、「原稿を書く」時間が、面で見えるようにする。仮にこの時間にできなかったとしても、他のことも含め、自分はどのくらい空いているのか、どのくらいの量の仕事を進行させているのかなどが、ひと目でわかるようになる。

自分を予約する習慣が身につけば、空いている時間がどんどん明確になってくるので、そこに他の新しい仕事を入れることも、あるいは、その時間にリラックスすることもできる。空いている時間が明確になれば、どんどん仕事を取ることもできるから、収入もアップするだろう。

会社に勤めている人たちの中にも、「手帳には、締切日だけを記録している」という人は少なくない。「金曜日までに企画を出すように」と言われたら、金曜日のところに、「企画書提出」などと書いてあるのが一般的だ。

そこで、締切日だけを書いていた習慣を止め、「自分を予約する」に変えよう。まず、その企画書を書くのにどのくらい時間がかかるかを予測する。企画書を書く時間や、企画内容を考える時間、企画について調査する時間、それらにどのくらいの時間がかかるのか、いつ必要か、どの順番に必要かを考えてみる。一度に三時間必要なのか、一時間ずつ三回に分割してもいいのか。そして、分割された最小単位で、締切日から逆算して時間枠に書き入れて、自分を予約していく。提出日までに着実に準備ができるように、自分の時間が確保できていくのだ。


空き時間が見えると、その使い方、自分の予約の仕方は、さまざまある。

ある企業のトップ営業マン一〇〇名のための時間管理研修を依頼されたときのこと。そこで、今まで使っていた営業手帳からアクションプランナーに、自分の行動を書き換えてみるという実習の時間が設けられた。すると会場のあちこちからうなり声が。

「おー、もっと営業に行けるぞ！」

空き時間が見えたのだ。

今までの手帳では、小さいスペースにアポだけが書かれていた。すでにぎっしり入れているので、めいっぱい動いているように思えた。しかしアクションプランナーに書き移してみると、時間が見えてきた。移動の時間も書いてみると、アポイントの隙間にある空き時間がたくさんあることまでよく見えてきた。

その結果、訪問先を増やしたいという気持ちがわいたのだ。やる気いっぱいの営業マンからすると、この時間こそが、宝の山だ。

まったく別のケースでは、こんな女性がいた。彼女はアクションプランナーのユーザーだ。彼女はある土曜日、アクションプランナーに何も書かない日をつくった。そしてこの日を「だらだらの日」と決めた。手帳に「だらだら」と書いたかどうかはわからないが、彼女は「この土曜日はだらだらする」ということを明確に決めたのだ。そして土曜日。目が覚めたら朝ではなかった。時刻は昼過ぎ。ふだんの土曜日なら快晴の空を見て、がっくりすることだろう。早起きして、布団を干したかった。洗濯もできたのに。なんて私はダメな人間なんだろう、と。しかし彼女は違った。「わ、嬉しい。計画通り!」

そう。だらだらするという期待と、実際の行動が＝（イコール）で結ばれていたので、嬉しかったのだ。そして、そのまま家の中でだらだら過ごして、夕刻。きっとパジャマのままで夕方になったにちがいない。外は暗くなってきた。本来なら「あー、何もしないで一日が終わってしまった。私は最低な奴だ」などと落ち込んでしまいそうだが、ここでも彼女は「わ、期待通り！」とハッピーになる。

期待している行動　＝　実際の行動

第一章で、これが幸せの方程式だと述べた。これは、両方を「＝」で結ぶということが重要なのだが、そのためには、「期待している行動を明確にする」ことが重要だ。前述の彼女の「だらだら過ごす」と決めたことがまさにそれ。何をしようとしているのか、いつやろうとしているのか、それらが明確になり、手帳に記入されれば、偶然できたときより、ずっと達成したときの実感は大きい。これが自分を予約したことでもある。

幸せのつくり方はいくつかあるが、どの場合も、大切なことは、欲しいものを明確にすること。期待する行動を明確にすることだ。「原稿を書く」でも「ダラダラする」でもなんでもいい。この時間にこれをしようと明確にしたら、できた、できないがはっきりわかり、できたときにはハッピーになる。できないときは、何を改善すればよいのかが見え、次回に、上手くいく計画が立てられる。自分の期待を明確にして、自分を予約する。どんな予約であれ、自分に予約をして、その通りに行動できれば、ハッピーになるのだ。「自分を予約すること」こそが、私たちの幸せをつくる源なのである。

自分を予約することとは、楽しいことなんだと、そろそろわかっていただけただろうか。

読者の皆さんは、私のアクションプランナーには何が書いてあると思うだろう。

まず、経営をしている翻訳や通訳のユニカルインターナショナルのこと、コンサルティングや研修のイー・ウーマンのこと、両方が書いてある。たとえば、役員会や株主総会、社内会議、そして、クライアントとの打ち合わせ、講演、研修など。両社の関連会議、また、政府の審議会、社外役員を務める企業の会議なども書いてある。

同時に、子どもの学校の保護者会、運動会、面談、など子どもまわりのことも書いてあるし、歯医者、美容院、旅行、映画など個人的な予定も書いてある。私というひとりの人間が動いていくのだから、営業会議も学校保護者会も、行動としては同じ。そして、私の時間の流れは一本なのだから、一つの時間の流れの中で、必要な時間を確保していけばよい。会社を出て、次の会議に行くのも、会社を出て、小学校に行くのも、時間の流れの中では同じことだからだ。この手帳の中に、書ける限り、私は多様なことに取り組むことができる。さまざまな挑戦をすることができる。この手帳に書き入れる隙間がないときは、どんなに頑張っても時間が取れないということ。スケジュールを見直し、できる時間で、相手と約束していくのだ。

余談だが、私の人生に、オン・オフの考え方はない。仕事がオンで、プライベートがオフと呼ぶ人がいるが、私にとっては、オフという表現に、どうも違和感を覚える。自分が熱心に取り組むことがオン、気を抜いているのがオフ？　それでは、オフと呼ばれた時間でしていることや会っている相手にも申し訳ないし、そもそも自分の人生にも失礼な気がする。私の人生の舞台は、会社を通じての仕事だけではない。毎日の生活の中で、子どもと接している時間も、友だちとの時間も、私にとってはすべてが舞台なのだ。だから、「オフ」ではない。私にとっては、何をしているときも「オン」であり、二四時間がオンの状態。オンだからこそ、働いて、遊んで、楽しんで、よく食べて、よく笑って、リラックスして、ぐっすり眠っている。このアクションプランナーは、自分の毎日を、自分の手で、上手に組み立てていきたいと思っている人たちのためにある。

仕事もプライベートも一カ所に書き、空いている時間に、さらに自分をハッピーにするための自分を予約していく。手帳は、自分を予約するためのもの。だから、人生まるごと、書けるほうがいい。

ステップ6　「やること」リスト、廃止

空き時間が見えて、自分を予約していても、毎日の生活はそんなに予測できることばかりではないだろう。すべてを予約したつもりなのに、自分自身のやるべきことで整理されないままのモノが残っていた、と気づくこともある。また、周囲から、突然の依頼が来ることもある。だから、私たちは思い出したやることを、「やることリスト」とか「TO　DOリスト」という形で、書き出してしまう。手帳のうしろのほうのページに書き出す人もいれば、手帳の中に設けられたチェックリストのページを使っている人もいる。または、時間枠の下のほうに割かれたメモ欄にせっせと書き込む人もいるだろう。

私も以前はそうだった。むしろやることリストに書くことが好きで、大学時代は、チェックボックスのついた手帳をわざわざ探して買っていたこともあった。そんな欄があるのは便利だとさえ思った。しかし、あるとき気がついた。思いつくままに「や

ること」「やりたいこと」をそのリストに書き加えていても、すべてができるわけじゃない。やりたいことだらけの私は、昔も今もアイディアが止まることなくあふれ出てくる。だから、リストをつくり始めたら、楽しくて、いつまでも書いてしまいそうになる。書き出しているときは、やるべきことを思いつく自分のやる気やクリエイティビティにワクワクし、「書き出すスペースがあってよかった」と書きとめることができる喜びを感じる。しかし実際にそれらはどうなっただろうか。私の場合は、まず、書き出すいっぽうだった。そして書いたページをときどき見ては、すでにできたことを見つけ出してチェックするというふうになっていた。メモ欄に書いていても同じだ。なんとなく「今日やること」を、今日の欄に書いていたりするだけだった。

つまり、「TO DOリスト」「やることリスト」とは、思いついた順番に「やること」を時系列で書いている「やること備忘録」「やること記録ページ」であり、やることを忘れないようにメモしてあるだけなのだ。自分の思いつきの発散には役に立っているが、そこに書いたからといって、自分の行動にも、計画にも、具体的には反映できていなかったのだ。やるべきことや、やったほうがいいこと、やりたいことを、思いついた順番に書いてきたのが、やることリストなのだが、それでもやることリストに書き出していれば、なんとなく安心していた。

確かに、スケジュールを組み立てる最初のステージとして、やることを書き出すことが役立つこともある。また、複雑かつ同時に、たくさんのやることからの優先順位をつけたいときなど、一度書き出してみたいということはあるかもしれない。しかしリストはリスト。直接的に自分の行動には反映されないということに気がつかなくてはいけない。自分がやるべきことを忘れないように書き出すことが悪いことだとは言わないが、リスト化しただけでは意味がない。

リストのためのページがあると、やらなくてはいけないことをどんどん書きとめていくため、リストは長くなる。しかしそこから計画に移されることは少ないはずだ。

そこで六つ目の提案だ。

多くの人がつくっている「TO　DOリスト」「やることリスト」を、止めてみてはどうか。

同じように、やることや思い出したこと、頼まれたことなどをメモ書きしたり、ポストイットに書いて手帳に貼ったりということも止めることを提案する。これも意外と多くの人の癖として見られる。ちょっとした頼まれごとや、誰かに電話するとか、あの人に返事するとか、そういったことを、手帳の端のほうに走り書きしたり、うしろのページにメモしたり、ポストイットに貼って、手帳に貼りつけたりしているのだ。これらも、今日で終わりにしてみよう。

やることリストに書いていたことは二種類のことがあるはずだ。

一つは、少し大きな「やること」。大きなといっても、この日までにこれをしておこうとか、一週間以内に何をする、とかいったタイプのモノが中心だったかもしれない。ときには半年や一年での思いついた目標や方向性が書かれていることもあったが、おおむね一つひとつの出来事に時間が必要な、中長期的なことが中心だ。もう一つは、走り書きやメモに多いものだったが、「友だちの誕生日カードを買う」とか、「○○さんに、電話」とか、「食パンを買って帰る」などといった、あまり時間はかからないが、忘れてしまいそうな「ちょっとした」こと。

ここで、思い出してほしいのが、ステップ4で書いた、情報の一元化だ。一元化というのは、同じ手帳内であっても、他のページを使わないことだと書いた。月曜日朝六時から、日曜日夜一一時半までの、手帳の時間枠の中に、すべての行動を集めて書

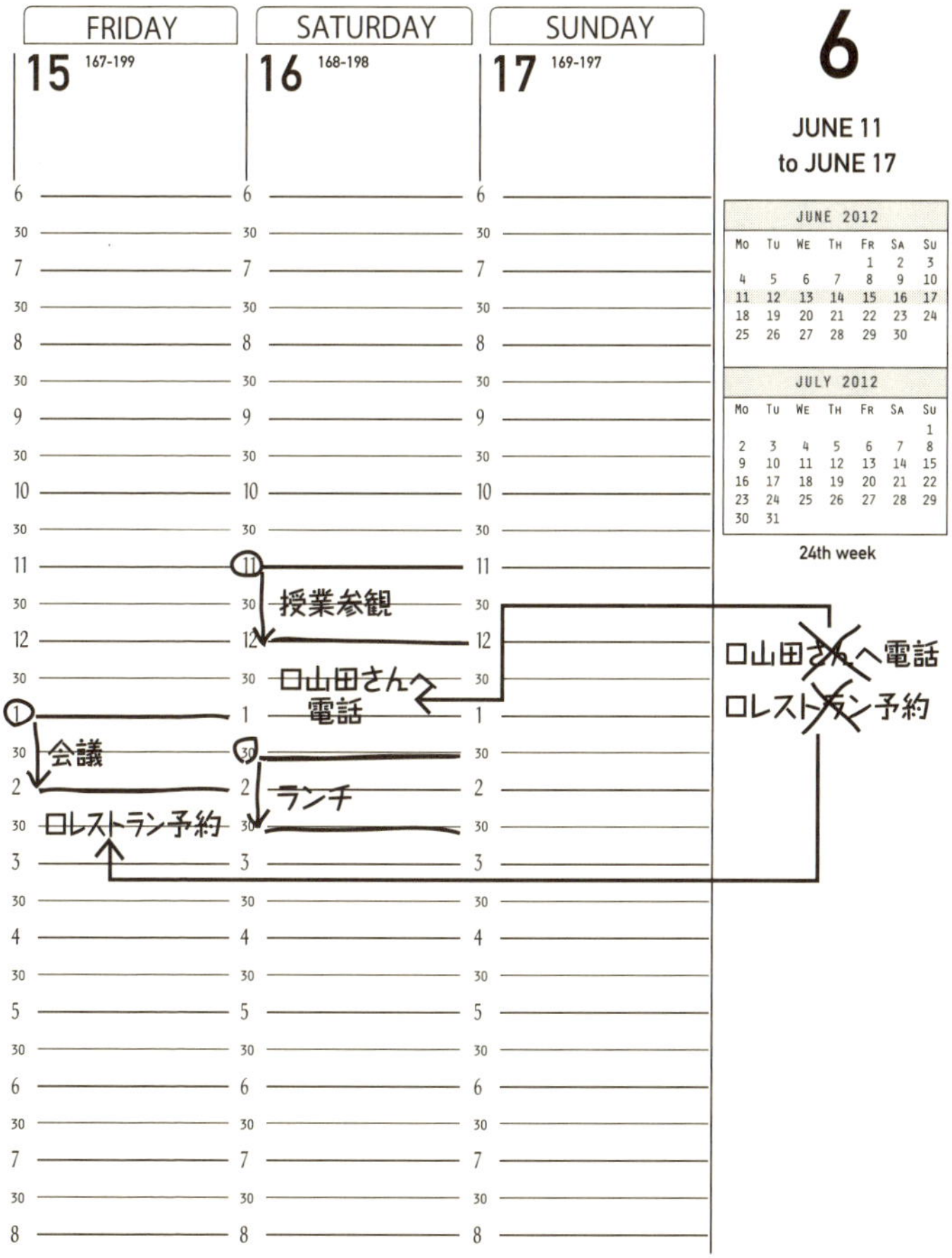

余白は自分の時間外。自分がやることはすべて時間枠内に書いていくことで、実行に移せるようになる。

くことが大切だと。

ということは、やることや、やりたいと思ったことは、余白に書かない。リストにしない。時間の枠内だけが、自分が行動できる唯一の時間であることの意味を、再度認識し、「やること」は、すべてこの時間内に書きとめる。

一つ目の、「少し大きな」やることは、ステップ5で書いた、「自分を予約する」を実行する。今までは、手帳のうしろに書いていたようなことも、自分の時間としてしっかり自分を予約する。一二月一五日までにすべきことがあれば、それ以前の日程で、必要な時間数を、自分に予約する。リストに書いていただけでは、まったく自分の行動計画に反映されていなかった出来事が、自分を予約することで、しっかりできる可能性がグンと高くなる。「いつやるか」が決まることで、私たちは、できるようになるのだ。

そして、もう一つの「○○さんに電話」は、メモ欄やポストイットに書くのは止めよう。時間枠「内」に書く。メモ欄はやっぱり余白だ。そこには日付もないし、時間もない。余白に書いてあるメモは、いつやるのか決まっていないし、自分の予定にも入っていないメモにすぎない。行動に結びつかない備忘録なのだ。

だから、「やること」を思い出したとき、思いついたときには、手帳を見る。そして会議と会議の間、移動中の車の中など空いている時間などに、書くのだ。やることを、リスト化するのではなく、余白に走り書きするのではなく、メモを貼るのでもない。できそうな時間帯のところに、□（チェックボックス）をつけて、書く。同じメモでも、日時のある場所に、書いておくのだ。

チェックボックスを書いて、「○○さんに電話」とメモをしておくと、手帳を見ながら仕事をしてさえいれば、その時間になると、「あ、○○さんに電話するんだった」と思い出し、電話ができる、たかが電話というが、されど電話。電話をかけるという自分に期待した行動が、実際の行動としてできたときの達成感は、かなり大きい。もちろん、チェックボックスに、☑を入れたときの快感は、かなりのものだ。人によっては、そこを赤く塗りつぶしたいとか、シールを貼りたいとか、いろいろあるかもしれない。時間管理の目的は、自分をハッピーにして、前向きに行動させ、周囲に貢献することだった。チェックボックス一つでも、自分がいい気分になるように工夫したらいい。人生を幸福にするために、こうした、小さなハッピーの積み重ねが大切だと思う。では、できそうな時間とはいつか。「それが決められないから、とりあえず忘れないように余白に書いている」という人がほとんどだろう。その習慣を変えよう。決めればいい。どこの時間でやるか。どうしても決まらないなら、どの時間に、再度そのことを考えるかを決めて、その時間帯に書く。とにかく徹底的に手帳の余白は、時間「外」だということを肝に銘じよう。

ステップ7　いつも持ち歩く・いつも開く

さて、今まで書いてきたことは、いつ手帳に書くのか。

手帳を使うことができていない人の多くが、次のどちらかの理由で失敗している。一つは、計画を立てることに時間をかけすぎて、できなくなる、続かなくなる。あちこちにやることを書き出したり、写したり、正しく計画を立てる方法を「マスター」しようとしたりして、何だか面倒なプロセスにばかり時間を取られている。やっぱり続かない。もう一つのタイプが、手帳をそもそも活用していない。買って、持ってはいるのだが、あまり見てもいないし、書いてもいない。ときどき、アポを記録するだけ。カバンの中にしまっておいて、「手帳を上手に使えない」というのは、あまりにも当然である。

だから、まず上手に使うために、手帳を、毎日、どこに行くにも持ち歩くという習慣をつける必要がある。ものすごく単純なことだけれど、いつも持っていれば、使える。カバンに入れっぱなしになっていたり、自宅に置いてきていたり、会社のデスクの上に置きっぱなし、ということになっていては、使えないのは当然だ。

手帳は自分の脚本。自分の行動について、これからの行動計画について、頭で記憶せずに、手帳に記録しているということだから、自分の脳の一部を外部化していることになる。ということは、いつも一緒である必要がある。朝、目覚めたら、ベッドの脇にあるデスクの上の手帳を見る。今日の予定を確認したり、朝やっておこうと思っていたことが何かを確かめる。その日の予定に合わせた服装を選び、出勤。会社に到着すると、PCを開くと同時に、キーボードの横に手帳を開く。今、こうして原稿を書いているときも、私のキーボードの横にはアクションプランナーが開かれている。いつも開いてあることで、この時間はこれをしていてOKとか、この次は、この時間に移動を開始すればOKというふうに、自分の「これから」が見えてくる。安心なのだ。

つまり、いつも持ち歩いていて、いつも開いているからこそ、いつも書ける。決まった「計画を立てる時間」を取らなくても、日常生活の中での自分の思いつきや期待を時間枠の中に書いていけば、自然と、自分の行動計画が書きあがってくるのだ。

いつも持ち歩き、いつも開いていることで、自分のすべきことを記憶したり、心配したりする必要がなくなる。次にやるべきことなどに意識が分散することはなく、今やることへの集中力が高まる。取り組んでいることに集中して、一〇〇％の成果をつくることができるのだ。手帳に自分を予約しておくことで今に集中できるようになる、というのは大きな利点だ。自分が書いた手帳の通り行動すればよいのだから、安心して今の仕事に、熱中できるということになる。

私の場合は、小学校の保護者会でも、歯医者でも、美容院でも、いつでもアクションプランナーを持っている。いつも持っていて、いつも開いているからこそ、思いついたことが、その場で書ける。「じゃ、それは調べて明日、連絡しますね」と言ったら、約束したことも、その場で明日の時間枠内に書く。歯医者の次の予約もその場で手帳に書き入れる。

別の手帳から、アクションプランナーに変えて使い始める人は、これからのことや、毎週の出来事などを今までの手帳やその他の場所から書き写すのに時間がかかるかもしれない。でも使い始めると、計画のための特別な時間を必要としないことに気づくだろう。いつも持ち歩く。いつも開いている。そして、その都度書き入れる。これが手帳を上手く使う秘訣だ。

第三章

時間管理に成功する手帳選び

目的にあった手帳を探す

では、そのためにどんな手帳が必要か。最初に述べたように、手帳には三種類ある。・他人としたアポを記録しておくためのアポ帳、備忘録型。・一日一ページのなんでもメモするための日記帳型。そして、私が提案する、・自分の予約をするための行動計画型「アクションプランナー」である。自分を予約する手帳の大切なポイントを確認しよう。

ポイント1
時間が縦に流れているバーチカル手帳

自分を予約するためには、時間が見えなくてはならないということは、書いた。では時間の数字が書かれている手帳ならどれでもよいのか、というと、そうではない。

まず時間が朝から夜まで、上から下に流れていることが重要だ。手帳の中には、時間軸が横に流れているものもあるが、それは時間軸の意味を持たない。時間が横に流れていると、たいていその幅は狭く、二時から始まる案件の内容を書き終えると、その案件の説明文字が、四時くらいまでに突入していることもあるだろう。これでは、時間軸の意味を持たない。手帳には、横書きに文字を書く人が多い今、時間軸が縦で、自分の書き入れる文字が横書き、というのが大切なポイントとなる。

また、時間軸が二四時間あれば嬉しいという声もときどきあるし、私も本来ならそれがよいと思うが、これは、不可能だと思う。なぜなら、時間軸というのは、行動を書くためにある。二四時間の目盛りがあり、なおかつ、一つひとつの時間の分量が、はっきり見えて、その時間枠内に、自分のすべき行動が書けるスペースをとると巨大な手帳になってしまい、持ち歩けない。時間の目盛りがあればよいのではない。次の項目で詳しく説明するが、時間が縦に流れ、それぞれの時間に書くためスペースがしっかりとられていなければならない。「時間の分量が見える」ことが重要なのだ。

ポイント2　三〇分単位で時間の量が見えること

では、縦に流れていれば、なんでもいいかというと、違う。自分の行動を計画するために、時間が明記されている必要がある。時間の単位は三〇分がよい。一時間ごとに数字が書いてある手帳だと行動計画そのものが大雑把なものになる。会議が三時三〇分から始まることもあるし、自分のすべての行動を六〇分単位でプランしていたら、できる案件の数が限定される。これでは、自分を予約しにくい。

以前、一五分単位があればいいと思ったこともあるが、一五分単位で、それら一つひとつに時間枠に書き込めるようなスペースを取ると一日の時間チャートが、ものすごく長くなる。つまり手帳が巨大になってしまうのだ。手帳が巨大になって、持ち歩けなくなると、自宅や、会社のデスクの上に置いておくようになる。これでは本末転倒、意味がない。一五分刻みは残念ながら実用的でないということになる。

そこで行動のリズムを三〇分単位でとらえるのがいいと考え、私は、三〇分単位で時間の目盛りがついている手帳をつくった。

ここでは、三〇の数字がはっきりと明記されていることが重要で、三〇という数字がなく、三〇分のところにドット（・）が書かれている手帳はダメだ。これでは時間が見えない。三〇分単位で、どのブロックも同じように平等に見えることが大切だ。何時何分なのかという「時刻の見える化」も大切なのだ。

そして時間の分量が見えること。ただ、三〇分の目盛りがあればよいということではない。三〇分枠がしっかり見え、すべての時間がチャートになっている状態がいい。つまり、時刻の目盛りの物理的な幅が大切だということだ。この三〇分の枠内に、三〇分間でやるべき仕事などを書いていくのだから、ある程度の幅が必要だ。三〇分単位で時刻が刻まれていても、その間が一ミリしかない、二ミリしかないというのでは意味がない。そしてもう一つはその時間枠の横幅だ。その幅の中に、文字がはみ出ないでしっかり書けなくてはならない。また後に書くが、家族や同僚など他人の予定も書き入れることができるので、横幅があることも重要なのだ。余計な線や柄があってもいけない。方眼用紙がダメな理由はそこにある。線が邪魔をすると、自分の時間を見ることができにくく、時間ではなくアポイントを見る「アポ手帳」に戻ってしまうのだ。三〇分の行動は、三〇分のスペース「内」に、書く。だいたいその時間のところに書くのではなく、しっかりと時間の中に書く。はみ出してしまうと、せっかく空いている前後の時間帯も見えず、とても残念なことになる。

私のアイディアによってアクションプランナーが日本市場に登場したのは、二〇〇五年。その後、アクションプランナーを参考にした手帳が、たくさん発売されてきた。今までほとんど日本市場になかったA５サイズの手帳、縦に時間が流れ、三〇分の目盛りがある手帳たち。しかし、三〇分ごとの目盛りがついているなどが似ていても、少しの違いで、私が提案している時間管理法を実行するのは難しい。子どもも、学生も、社会人も、主婦も、一年間、アクションプランナーを使ってみればわかる。その違いをぜひ体感してほしいと思う。

ときに三〇分枠が、必要か否かを問う人がいるが、誰の時計も一分ずつ進むように、単に、手帳は、時間をチャートにしただけ。別に、時間のチャートすべてに予定を書く必要はない。書かないから、空いている時間が見える楽しみもあるのだ。

ポイント3
見開き一週間であること

アナログの手帳のよいところはいくつもあるが、そのうちの一つが、パッと見て、すぐわかる「一覧性」だろう。月曜日から始まり、日曜日で終わると、自分の一週間の流れがどんな感じなのか、朝や夜の使い方はどんな感じなのか、そして週末は、どんなふうに動いているのかが、ひと目でわかる。

火曜日の夜は、打ち合わせがあって、帰宅が遅くなるということが見えれば、月曜日と水曜日の夜は、六時以降に何も入れないで、早く帰宅しようと考える。土曜も日曜も、両日仕事が入っているということが見えると、平日の夜は早めに帰って体調管理をしようと考えるなど、一週間という単位で見えることが、自分の一週間の流れやリズムをつくるのに役立つ。また月曜始まりの手帳であれば、土日が並んで表記されるので週末の一泊旅行なども、計画しやすい。見開き一週間という単位で見渡すことで、ワークライフバランスも自分の目で見て考えられるようになり、自分自身の満足度を高めるために役立つのだ。

アクションプランナーの場合は、それぞれのページ下の角が、点線で切り取ることができるようになっている。これは、「しおり」だ。見開き一週間で開いたとき、左下の点線から切り取る。毎週、月曜日には、左下の点線から切り取ることによって、手帳を閉じても、右側の点線部分に親指を当てて開くと、その週がパッと開くのだ。サッと見開き一週間。これは意外と大切なポイントだ。

ポイント4
月曜日から日曜日まで、同じ大きさであること

私が手帳を発表する前に市場に出ていた手帳は、ほとんどすべてが、時間の見えない手帳だった。そのうえ、時間表記のあるなしにかかわらず、平日重視。土日の欄が小さいものだった。手帳には、平日の仕事のアポだけを書くという考え方が主流だったのだろう。仕事だけという使い方をしていた人たちにとっては、土日を小さくしていることも、自然なことだったにちがいない。

だからこそ、「人生まるごと手帳」「土日が大事」「手帳は人生の脚本」などと私が言い始めたことは、新しい発想だったのだろう。

私が当初使っていたフランス製の手帳は、実は土曜日が小さく、さらに日曜日は、ほとんど書くところがないようにつくられていた。フランス人の気質として、手帳は仕事のアポイントメントのためにあり、日曜は計画をしてはいけない、とでも言うかのように。

しかし自分を予約する手帳は、仕事のアポ帳ではない、仕事もプライベートも、一冊にして、自分の毎日を、自分の明日を、描き出していく。だから、曜日に関係なく、同じ長さで時間軸があったほうがよいと、オリジナルの手帳をつくった。手帳は、自分の人生をつくるための脚本だ。仕事であれ、遊びであれ、何であっても自分の時間に、自分が何をしていくのかを書いていくモノとして使うといい。

この土日は、「思いつくままに過ごそう」というときは、別に何も書かなければよいのだから、とにかく手帳はすべての曜日に同じ大きさで時間のチャートが必要だ。

ポイント5　メモ欄が小さく、時間枠が大きいこと

見開き一週間のページにメモ欄が欲しいという人がいるが、アクションプランナーの考え方は、メモ欄を、極力少なくすることにある。第二章のステップ6で書いたが、メモスペースに自分のやりたいこと、期待する行動を書いてしまう人があまりに多いことが、時間管理ができない原因だとぜひ気づいてほしい。だから、その習慣を断ち切るためにも、そして、すべての期待する行動を時間枠内に書くためにも、時間枠が大きく取ってあること、そしてメモ欄がないことが重要なのだ。

そもそもメモを取りたいという人は、「何のためにメモを取っているのか」を、ここで明確にするといいだろう。手帳には三種類あると書いた。アポ帳、日記帳、そして、自分を予約する手帳。

もし自分がとっているメモは、聞いたことや考えたことの記録だと思うなら、日記帳タイプの手帳や一般のノートに書けばいい。そういった日記やノートの要素が、自

分を予約するための手帳に書かれていると、肝心の自分の予約が読みにくくなる。自分を予約する手帳においては、すべてを「いつやるのか」にあてはめて書きとめていくのだから、時間枠の外にメモ欄があってはならないのだ。

そして今までのメモの目的を明確にし、自分の行動に反映させたい、と思うメモがあれば、それは「自分を予約する」に変換させる。たとえば、「了解！　じゃ、田中君に、明日ぼくから伝えておくよ」と約束したこと。そのような約束は、自分を予約したい行動だ。だから、メモ欄や余白ではなく、田中君に伝えることができそうな時間枠の中に書く。

たとえばクライアントを訪問したら、先方の担当者が「わが社は、設立が二〇〇二年。現在従業員が一二〇名で……」と話し始めた。このメモは、どこに書けばいいだろう。これは、自分の行動と関係がない記録なので、別のノートに書くなり、ＰＣでメモを取ればいい。

「自分を予約する」手帳にはメモ欄が少ないほうがいい。

ポイント6　やることリストがない

ポイント5と同様の理由で、やることリストやTO　DOリストはないほうがいい。一般の手帳には、やらなければならないことを書き出すための、チェックボックス付きのリストが付属していることが多い。こういう機能があると、つい使ってしまうのが人間だ。ここに「山田さんに電話」とか、「振り込みをする」といった、やらなければいけないことを書き出したり、企画書の提出日、夏休みにやりたいことのアイデアなど雑多なことを書いてしまう。そして、それらを実行したら、行頭にあるチェックボックスにチェックを入れていく。一見自分のタスク管理に向いているように見えるが、実はそうではない。なぜなら、これもポイント5のメモ欄同様、「いつやるのか」という時間を決めておらず、やることを忘れないための備忘録にすぎないからだ。ここに書いて、安心してしまうから行動計画に変換されない。このようなリスト欄やページがあることが、実は、時間管理が上手くできなかった原因であり、自分を予約しないできてしまった理由である。見開き一週間のページ内にメモややることリストが存在しているということは、肝心の時間枠が小さくなっているということ。本末転倒だ。見開き一週間は、しっかり最大でとってあるのがいい。それらのことを再度認識して、やることを、リスト化しないための手帳を選ぶ必要がある。

ポイント7　手帳の色も大きさも大事

手帳は常に持ち歩くことで活用される。だから、ワクワクするモノであってほしいが、ビジネスマンがよく使っている、黒一色の手帳では、持ち歩くことに喜びをあまり感じられないのではないだろうか？

手帳は自分の脚本であり、それを活用する目的が、自分をハッピーにしておくこと。だったら、手帳のカバーは大切な選択要素となる。

毎日持ち歩きたくなり、触っていたくなり、見ているだけでも幸せ、という手帳なら、どんどん使えることだろう。毎日持ち歩くものだから、自分に合った色、触るだけでも嬉しい肌触りのカバー、書ける大きさ、かさばらない柔らかさ、薄さの手帳を持ちたい。自分の好きな色を選べれば、それを持っているだけでも嬉しい気持ちになるはず。カラフルなカバーの色から選ぶという考え方も新しかったようで、アクションプランナーが、「カバー色を五五色」などとするようになったとき、他の手帳メーカーは驚いた様子だった。手帳とカバーの色は関係ないと主張していたメーカーまである。しかし、今は、御覧の通り。手帳売り場には、バラエティに富んだカバーが満ち溢れている。手帳は、自分をハッピーにするために選ぶ。だから、カバーも自分の好きな色を選ぶ。それが、自分を予約する、楽しみの一つにもなるだろう。

アクションプランナーユーザーは毎年、「来年は何色にしよう?」とワクワクしながら色選びをするのだ。

コラム

ワークライフバランスとは、ベストパフォーマンスを出すこと

「ワークライフバランス」という言葉をよく耳にするが、これは、労働時間の短縮でも、なんでもない。何をしていても、ベストパフォーマンスが出せる状態、をいう。

つまり、仕事にも熱中できて、いいアイディアも浮かぶし、生産性も高い。家族や友人との時間も、楽しく笑顔で過ごせ、前向きにいろいろな行動が起こせる。そんな状態こそが、「ワークライフバランス」がうまくいっている状態なのである。

ときには、「今日は二一時まで残業して、この仕事を完璧に終わらせたい！」という欲求にかられるかもしれない。その場合は、取り組んだほうが気持ちもいいし、満足度も高い。いっぽうで、今日が大切な人の誕生日で、近くで六時半に待ち合わせをしているとしよう。その場合、六時過ぎに会社を出ようとしたときに、「三〇分だけ、この仕事、手伝ってくれない？」と声をかけられても、その三〇分は、いたたまれないほど、辛いものだろう。

つまり、必ずしも時間短縮ではなく、自分のやりたいことができているかどうか。そして、何をするにも、熱中できて、やる気に満ちていられるかどうかということなのだ。

そこで、「ワークライフバランス」をとる一つの方法として「自分で自分を予約する」ということがある。

たとえば、アクションプランナーの場合、見開き一週間で、自分の行動が見える。自分を予約するために手帳に書くということは、仕事や案件を受け入れ、納得して、ペンを走らせているということになる。この納得が、自分のやる気を高めるのだ。デジタル機器に入力するのとも違うし、会社での共有のスケジュールソフトに組み込まれるのとも違う。自分の手でペンで記入することが満足度を高める。

手帳を開いたときに、仕事の分量、夜の時間の使い方が、一週間単位で、一覧できる。

子育てに関して言えば、「子育ては二〇年プロジェクト」と私は言い続けているが、子どもとの時間や家事の時間について、毎日毎日帳尻を合わせる必要はないだろう。そもそもそれには無理がある。まず、見開きの一週間の単位で、自分の納得のいく時間の使い方ができているかどうかを見る。仕事の長短、土日の予定を見ればいい。そして、数週間、一カ月と、広い視点で見てみれば納得する計画が立てられるのではないだろうか。

子どもが二人いる私は、よく「仕事と育児は、どうやって両立しているのですか」と聞かれる。『自分が輝く7つの発想』にも書いたが、私は、「両立」という言葉を捨てた。なぜなら、「どうやって両立しているのですか」などと何度も聞かれると、「私って、大丈夫?」「本当に両立できているの?」と不安な気持ちになるからだ。私のような「超前向き」人間でも嫌な気持ちになるのだから、たいていのお母さんは、自分の力が足りない気持ちが芽生えてきても仕方がない。だから、両立ではなく、自分を予約する。

自分が、何をしていても、日々最高の自分でいられるように、ベストパフォーマンスが出せるように、自らを動かしていく。それこそが、ワークライフバランスなのであり、そのために、私は、皆さんにアクションプランナーを使って、自分を予約してほしいと思うのだ。

第四章
「自分を予約する」実践Q&A

全国各地・海外でも時間管理の講演・研修を行ってきているが、そのときに大切にしていることは、質疑応答の時間。講演の最後には、必ず、受講者の方からの質問や疑問を受け、すべてに具体的な回答をするよう心がけている。それにより、質問した参加者個人の課題を解決することになるし、他人の質問や課題を聴き、その解決方法を耳にすることで自分の明日にも役立てることができるからだ。それだけではない。私自身にも大きな発見がある。私にしてみると当然のことでも、いろいろなところで何度も質問されると、「ああ、皆さんはここに困っているのだな」と、次の講座づくり、次のアクションプランナーづくりの勉強になる。

この章では、実際にその時間に受けた質問から、さまざまな事例をピックアップして紹介することにする。受講者の方からの質問は、どれも具体的なものばかりなので、自分を予約するうえで必ずヒントになることだろう。実際の質疑応答と同じく、この章もQ＆A形式にしているので、はじめから読んでいただいてもよいし、気になる質問から読んでもらってもいい。ここには、自分を予約するためのあらゆるノウハウが詰まっているので、ぜひ役立ててほしいと思う。そして、ここにない質問は、継続して、サイトで受け付けていこうと思うので、そちらも見ていただけたら幸いだ。
(www.facebook.com/jikankanri)

Q 自分を予約したいが、企画書を書く時間など、かかる時間をどう予測したらいいですか？

とても大切なポイントだ。自分を予約し、行動計画を立てる場合、肝心なことの一つに、「それは何分かかるのか？」ということを、自分が知っている必要があるということだ。

新幹線は、東京から新大阪まで何分かかるかが明確なので、旅の予定が立てられる。スポーツ選手は、一〇〇メートル何秒で走ることができるかを測定しているので、練習方法を確立でき、目標も設定できる。

私たちの多くは、自分の仕事にかかる時間を測定するという習慣を持っていない。そのため、企画書を書くのに何時間必要なのか、前回と今回はどのくらい違うのか、この資料を読むのにどのくらいの時間がかかるのか、このメールを一本書くのにどのくらいの時間がかかるのか……そういった肝心なことを知らない場合が多い。だから「一生懸命やっているのに、仕事が終わらない」となるし、「さぼっていないのに、仕事がはかどらない」と感じたりする。かかる時間のわからない人は、最初は想像するしかない。この企画書を書くのに、いったい何時間かかるのだろう、と考えてみて、そしてその想定時間を自分に予約して、実際に自分の仕事の進み具合を測定していく。「一時間でできるだろう」と思って自分を予約したのに、できなかったということも、最初は多々あるだろう。私も、そんな体験がある。しかし、それこそが、自分を予約していくための正しい歩みなのだ。何度も予測し、実測しながら、かかる時間を正しく予測できるようになることも、時間管理の腕前を上げていく一つのプロセスなのである。もちろん、時間を意識することで、自分の発想力や仕事スピードを上げるという効果も見込める。「こんな仕事にこんなに時間をかけていたのか」と自分の行動が認識できれば、かけるべき時間のメリハリをつけることにもつながるだろう。

とにかく、自分を予約することの基本は、自分がどの仕事にどのくらいの時間がかかるのかを知ること。つまり、予測精度を高めるための計測。

面白い！と思える人は、ストップウォッチを押してみても楽しいだろうし、面倒だと思う人は、仕事が終わったところで、また、ある一定の時間で、自分の仕事の進み具合や、計画との差を、時計で認識するといいだろう。大切なことは計測すること。

これを繰り返して意識していくうちに、自分はどういう仕事をどのくらいの時間でできるのかがわかってくる。最初から、どの案件もすべてが予測通りに運ぶということはない。だから予測通りに行動ができなくても、落胆したりする必要はない。むしろ、自分の仕事時間を計測し、そこに気づきがあったこと、その情報が、次回以降役に立つことを学びとしよう。時計を見て、ときにはストップウォッチを活用して、自分の仕事をいろいろ分解して計測してみるといいだろう。

Q 上司や同僚など、他人の予定も書きとめたいのですが、どうやって書いていけばいいのでしょうか？

会社や組織の同僚や上司、部下の動きを書いておくと便利だというポジションの人もいるだろうし、妻や夫、子どもたちの予定もすぐにわかるようにしておくと便利という人もいるだろう。アクションプランナーの場合、他人の予定を書くこともできる。

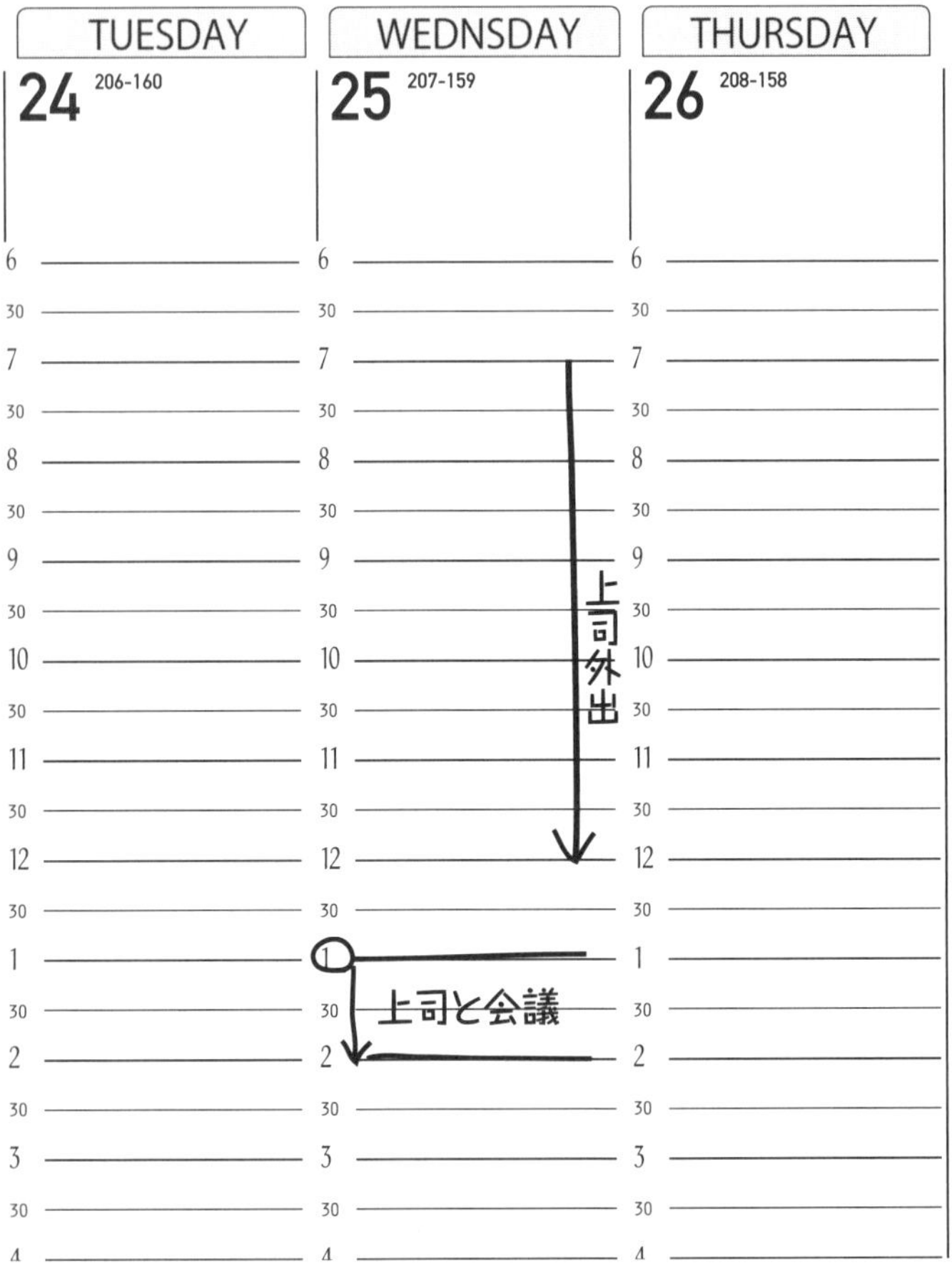

行動計画を立てるうえで、他人の予定を把握することはとても重要。自分の予約がわかりづらくならないように、幅を活用したい。時間軸の右側を使って、自分の行動に影響の行動を書き込むとよい。

時間枠の幅を使うのだ。

私は二つの会社を経営しているので、さまざまな社員の予定を耳にする。二人の子どもがいるので、子どもたちの動きも耳に入る。だからといって社員全員の予定、子どもたちのすべての予定を自分の手帳に書いていたら、何が書いてあるのかわからなくなるだけでなく、自分の予約が見えなくなる。では何が基本かというと、「自分の行動に関係する」かどうか。関係するものを選んで、自分の手帳に書くようにしたらいい。

たとえば、秘書の場合、上司がいつ外出する予定になっているのかは、自分の仕事に影響する。そこで、上司の外出予定は、書いておくといいだろう。

書き方は、幅を使う。自分の予定は、左の時間軸に沿って書かれ、他人の予定は、右側のほうに書くのがいい。

たとえば上司が、一二時まで外出の場合、その日の右側の部分の朝一二時までのところに線を引き、「上司外出」と書いておくと、一二時まではオフィスにいないことがわかる。また、上司が出かける前に何か秘書としての仕事があるなら、それは通常通り左側に書いていけばいいのだ。これで、他人の動きもひと目でわかる便利な使い方ができる。

Q 提出物を仕上げる、または、プレゼンまでの計画など、少し長期的な計画は、どのように立てたらいいですか？

締切日や、目標の日があるものについては、その日から、現在に向かってうしろからさかのぼってくる「逆算法」で、計画することが大切だ。

逆算法とは、文字通り、うしろから計算すること。つまり、締切日から現在に向かって、時間をさかのぼりながら、計画を立てていくということだ。たとえば、今が月曜日の朝九時とする。朝一番に来社したお客様から、具体的なサービス企画書と見積もりを依頼され、その締め切りは金曜日の午後三時となったとしよう。先方に訪問して、自社のサービス内容についてのプレゼンと具体的な見積もりを提案することになった。その場合、最初に行うのは、手帳に、金曜日の午後三時から午後五時まで、相手とのプレゼンの時間を確保することだ。気をつけたいのは、想定される時間より少し長めの時間を確保すること。短めに設定してしまうと、自分が売り込みをしたいという案件なのに、先方からの質問に答える時間がなくなってしまうという元も子もない事態に陥る。重要な案件のあとの時間はつめ込みすぎないようにするのは大切なポイント。だから、ちょっと長めに確保する。

次に、その会社までの時間を調べて、オフィスを何時何分に出発すれば間に合うのかを手帳に書き入れる。これは移動時間の書き方で示したように、縦線の矢印を一センチくらい、内側に入れて伸ばす。先方のオフィス前に一〇分前くらいに着くように、電車の発車時刻や乗り継ぎを調べ、調べた情報は、手帳の出発時刻のところにしっかり明記しておく。これで遅刻しないで済む。

そして、そこからが、ほとんどの人がやっていなかった自分の予約を取っていくプロセスだ。

金曜日のプレゼンに対して、自分がどのくらいの時間をかけて、何を準備すればよいか考えてみよう。たとえば

・今までの資料を読み込んでクライアントのニーズを明確にする
・企画内容・特別プランの内容を考える

・期間、スケジュール、手順を考える
・制作チームに費用とスケジュールの承認を取る
・金額、見積もりを考える
・課長の承認を得る
・部長の承認を得る
・パワーポイントでつくってみる
・色やデザインの調整をする

……まあ、こんなことが頭に浮かんだとしよう。

頭に浮かんだ一つひとつの行動を、締め切り近くから、逆の順番に並べ替えて、それぞれを行う日時を決めるのだ。

たとえば、直前は資料の見直しの時間とする。その前は、部長の承認を得る時間、その前は、課長のフィードバックを受けて資料を書き直す時間、その前が、課長の承認を得るための課長への説明の時間……といった具合だ。

そのとき気をつけたいのが、自分の予約だけでなく、それにまつわる周囲の人の予約をすることだ。「部長の承認を得る」という予約を自分の手帳に勝手に予約しても、

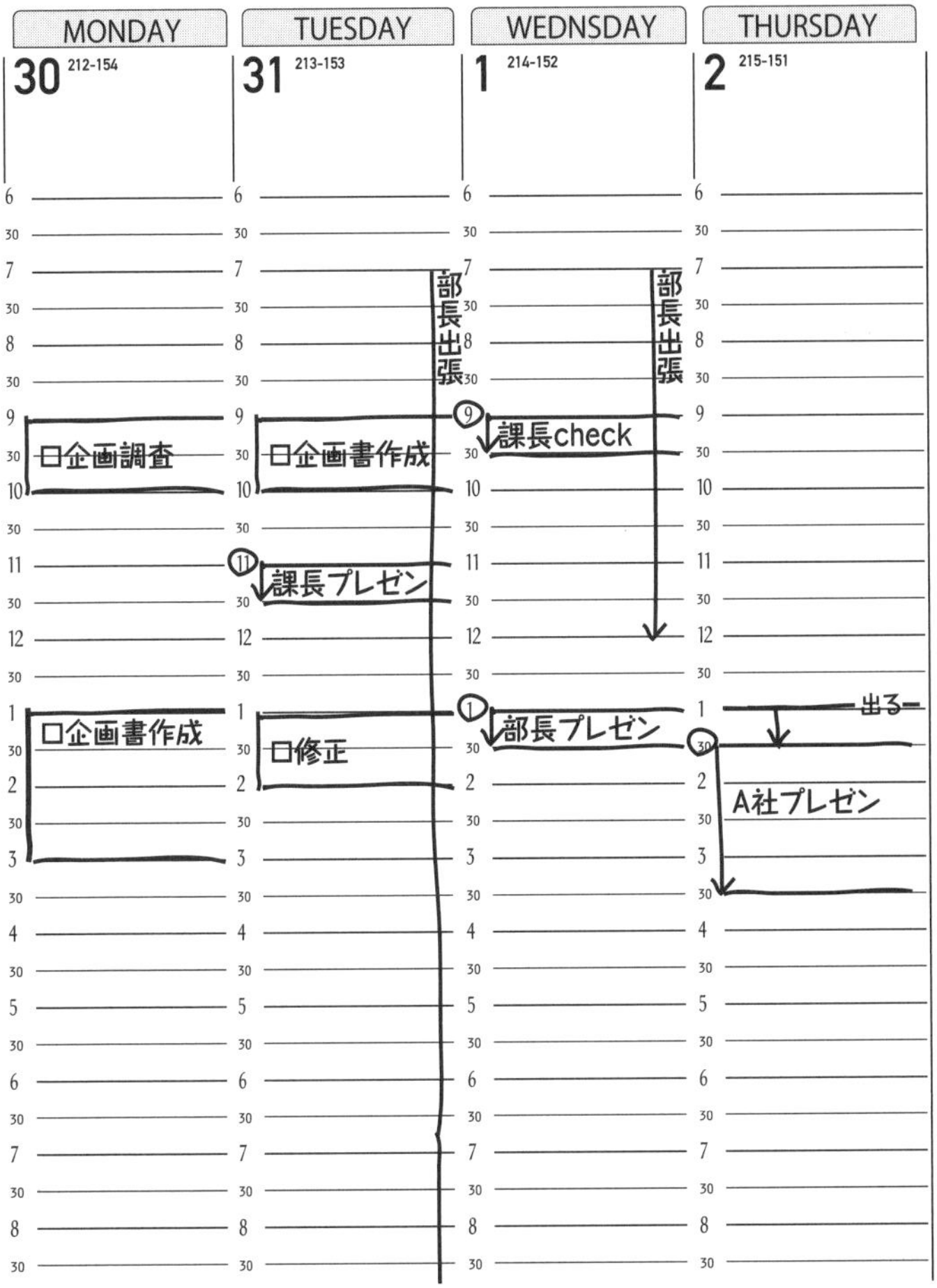

「プレゼン」はその時間だけを確保しても行動計画にはならない。企画書を確認してもらう相手にも予約し、プレゼンの準備を逆算式に確保していく。

相手に伝えていなければ実現しない。だいたいこの日の午後に相談しよう、などと考える人は多いが、実際に相手にも予約する人があまりに少ない。そのときに部長が出張で会社にいなければ、予定通りに進まないではないか！

仕事が下手な人は、「ここまでできたんですけど、今お時間いいですか？」とか、「ここまでつくったんですけど、今日か明日お時間ありますか？」と資料ができあがったところで言ってくる。自分が行き当たりばったりで仕事をしているために、できあがり時刻を予測できず、相手の予約を取れなかったのだ。できあがってから約束を取り付けていたら、その案件が保留されている時間が長くなる。時間の無駄だ。だから、自分の歩みに関わってくる人との約束を最初にしてしまう。そして、その約束をマイルストーンとして認識し、自分を予約していけば、うまくいくはずだ。

つまり、まず部長や課長の予約を取ることが先になる。よく、差し戻しがあるという人は、課長との時間を二回くらい予約をしておこう。これが結構重要。うまくいかない人は、ぎりぎりのスケジュールを予約してしまいがちで、そのため、何か予想外のことが起きたときに対応できなくなってしまう。余裕を持ったスケジュールを組み立てることで、自分の心にも余裕ができて、よい仕事ができるようになるだろう。

Q 優先順位をどうつけますか？

優先順位のつけ方についても、頻繁に質問を受ける。時間を有効に使う一つの方法として、物事をシンプルにするということがある。言い換えれば仕事を増やさない、ということだ。今決めればいいことは、今決めてしまえば、あとは前進のみ。上司に決断を仰ぎたいときは、一瞬で決断してもらえるように十分な準備をして短く伝える技術を持てば、上司は、その説明を聴いて一瞬で判断を下すこともできるだろう。優先順位も同じだ。どちらが先か、どちらを優先しようかと、毎回比較したり、入れ替えたりしていたら、そもそも時間もかかる。だから私の提案は先約優先。つまり、早いモノ順。自分が仕事を依頼され、アクションプランナーを見ながら「いつやろうか」と考え、自分を予約したら、基本的にそれが最優先される。

時間管理の目的、自分を予約することの目的を思い出してほしい。それは自分自身をハッピーにすること。

このハッピーというのは、その場その場のハッピーもあるだろうが、長期的に自分という人間が、周囲からどのように受け入れられたいか、という視点も必要だ。「信頼される人」というのが、一つのハッピーの条件だとすると、信頼されるために、約束を守ることが何より大事だろう。一度受けた仕事は、必ずやる。それだけでもあなたの信頼度は上がる。逆を言えば、頼んでもいつもできない、よくドタキャンしたり、遅延したりする、というのでは、信頼がなくなるのだ。たとえば、ある水曜日の一三時に一つの仕事を入れたとしよう。その後、違う仕事で同じ水曜日の一三時を希望された。最初の仕事はただの打ち合わせで、そこからの収入はない。しかし後の仕事は、その時間に引き受けただけで五万円の収入になると仮定しよう。どうするか？

基本的には、打ち合わせの予定を変更せず、五万円の仕事の方に、別の時間、日程でお願いする。もちろん、最初の仕事の人が、実は「どの日でも、どの時間でもいいですが、空いているときに」と言ってくれているなかで、偶然その時間になっていた場合は、先の人の約束を移動しても、何ら「信頼」に問題はないだろう。しかし、ずいぶん前から予約を入れていた案件だったら、そちらを優先するのが当然だ。

私の場合は、子どもの運動会、面談といった学校イベントなどは、四月に学校からの連絡が来ると、すぐに、翌年三月の予定まで、手帳にすべてを書き入れる。アクションプランナーの場合は、翌年も見開き四カ月で、自分を予約することができる。だから、その時点で自分を予約してしまうのだ。学校の運動会の日に講演依頼があっても、お断りする。何の案件でも、「先約優先」を基本とすることで、物事を日々天秤にかけることもなくなり、約束したことは守ることができる。そうしたことを積み重ねることで信頼できる人になれると思っている。

Q 「仕事が六時で終了」なので、それ以外の時間帯は、手帳にいらないと思うのですが……

似たような質問で、「仕事は毎日同じだから、昼間の部分がいらないです」という逆の立場からの質問を受けたこともある。

しかしアクションプランナーを使った「自分を予約する」という手帳術は、仕事のアポを書くための手帳でもなければ、プライベートの遊びだけを書く手帳でもない。

自分自身をハッピーにしていくために自分の行動を一元管理するためのものだ。誰もが仕事も遊びも思った通りたくさんできたら楽しいだろう。自分にさまざまなことを予約していくのだから、時間軸は使える時間がすべてチャート化されていることが大切だ。昼間は同じ仕事なので必要ないといっても、腕時計が朝九時の後は夕方五時まで動かないということもないだろうし、仕事以外は、適当に生活するからと言って、腕時計が夕方六時で止まってしまうこともないだろう。手帳は、自分の時間が見えるためのもの。だから、月曜日から日曜日まで、朝から夜まで同じ時間枠で、三〇分刻みで、その流れが見えるようにしたい。自分を予約することで、自分を幸せにする、という考え方で時間管理を実践していくと、「できる」ことが増える。第二章のステップ4で書いたように、仕事もプライベートも、自分の行動はすべて一元管理して同じ場所に書いてみると、自分の時間が見え、時間の使い方も変わるはずだ。

自分に予約して、それができると、自分を信じることができる。期待した行動を、実際の行動にすると、ハッピーになり、自分を信じることができる。自分を信じる、ということは、自信。仕事以外の時間も手帳で自分の行動を見てみることをお勧めしたい。

Q 事務職なので毎日同じ仕事。特に書くことがないのですが

そもそも、計画を立てなくても、手帳を使わなくても、毎日自分自身をハッピーにすることができているなら、今のままでいい。また、ある一定の時間は、計画を立てたりしないで、空欄にしておいて、他の時間帯から、始めてみるのもいいだろう。しかし、毎日同じ仕事という思い込みを、一度、脇に置いて、自分の仕事を分解してみるのもいいかもしれない。

事務職で、会議もないし、外出もないので、計画を立てる必要がないと考えている人も、まず自分の仕事を分析してみよう。分析とは、まず分解するということ。どんな仕事をどの程度やっているのか、バラバラにしてみるといい。たとえば、資料を整理してファイルする仕事。資料を確認して入力をする仕事。計算をする仕事。さまざまなメモから、正式な書類を作成する仕事……いろいろあるだろう。それらに分解できたら、どの仕事に集中力や継続性が必要か、どの仕事が、短く分断されても問題が

ないのか、どの仕事が好きで、どの仕事が好きではないか。などいろいろな角度から見ていくとよい。そして、仕事の順番、並べ方を考えるのだ。

朝一番は、他人から声をかけられることも少ないという人は、そこに集中力と継続性の必要な仕事を持ってくる。お昼過ぎの、なんとなく緊張感が薄くなり、上司や同僚が話しかけてくる時間帯には、入力の仕事を計画する。それも、途中で声をかけられても、問題が少ない仕事をするようにする。

このように、会議などの他人との約束ではなく、自分の仕事を細分化していき、どの時間帯にどの仕事を割り当てると効率的かを考えて、それを手帳に書き込んでいけばよい。

一見「事務仕事」という一つのくくりで考えがちだが、細かく見ていけば、事務仕事の中にもいろいろな業務があることがわかる。大切なことは、それらを、自分の意志で組み立てること。自分の意志で並べ替えるだけでも、気持ちが変わる。期待する行動＝実際の行動、の大切なことは、自分が行動することを事前に自分に期待することにもある。同じ仕事だとしても、その順番を自分で考え、自分で納得して、一時間一時間をすごしていくと、今までより積極的に仕事をする自分に気づくにちがいない。

Q 依頼される立場なので、自分の仕事の計画を立てられないのですが

　人生において自分が主役だという意識でいるとはいえ、まだまだ職場では、自分の意志で計画を立てられるような立場ではない、という人も多いだろうし、仕事柄いつも周囲からの指示待ちなんです、ということもあるだろう。一日の仕事をすべて事前に組み立てることは、どちらにしても難しい。そのうえ、一日ぎっしりと計画を立ててしまっては、融通が利かなくなる。だからといって、「計画を立てられない」と言ってしまっては、自分が自分の意志で、明日をつくることも、達成感を得ることもできないと言っているのと同じだ。計画は立てられる。

　確かに、予定の入り方は仕事の立場によって変わってくることは事実だ。営業やコールセンターなど、クライアントから次々と来る新しい案件に、対応することが仕事の中心という人も多いだろう。その場合は、どのような時間帯に、突然の仕事が多いかなど、少し状況を調査してみるといい。

まず上司からの依頼は何時くらいが多いのか。何曜日が多いのか。何か傾向があるのだろうか。クライアントからの連絡は何曜日の何時くらいが多いのか。少しずつデータを蓄積していくことで、おおよその傾向がつかめる。傾向がわかったら、最も、声をかけられる確率の低い時間帯に、自分が進めたい仕事を、自分に予約したらいい。もし、朝の三〇分は特に誰も新しい仕事を指示してこないことがわかったら、そこを自分が進めたい仕事の時間として自分を予約するのだ。これによって、毎日少しずつ、やりたいことが完成して行くわけだ。

一日一つでもいい。どんなに小さなことでも、自らの意志で、自分の仕事を自分に予約することが大切だ。そうすれば、自分の時間の使い方に主体性を感じることができ、満足を感じる確率が高くなる。仕事も進み、その達成感も高くなるはずだ。

Q 計画を立てて仕事をしていたら、別の急ぎの仕事を頼まれました。どうしたらいいですか?

常に自分を予約していると、他人から仕事を依頼されたとき、今自分にどのくらいの時間的余裕があるのか即答できるはずだ。そこで、依頼されたとき「その仕事には一時間ぐらい必要だと思うので、明日の四時にご提出でよいでしょうか」と具体的に、できる日時を伝えるのがいい。先方がそれでよいと言えば、翌日の三時～四時にその仕事をすることを書き、自分を予約すればいい。もし相手がどうしても今日の六時までと要求したら、自分の手帳から何か二コマ分の仕事を移動させる必要が出てくる。相手に、「では、本日予定していた○○を明日の四時までとして、今の件は本日二時にご提出でいかがでしょうか」と提案してみる。具体的に自分を予約しているからこそ、相手にニーズに合わせて選んでもらえる状態になるのだ。

Q どうしたら残業を減らすことができますか？

まず残業の原因を知ること、また、自分の仕事スピードを知ることが大切だ。アクションプランナーを使ったら、残業がなくなったという報告は何人からも届いている。

残業というのは、自分の物理的な労働対象の時間数より、自分の仕事終了までのかかる時間が長いということ。だから、使える労働時間と、仕事終了までの時間が合えば、残業がなくなるということだ。

となると、時間の見える手帳を使い、その時間枠内に、仕事を書いて計画したらいい。

そこで自分の仕事を、一つひとつ、計測することから始めるといいだろう。残業している人の多くは、気分に応じて仕事をしている傾向がある。決してさぼっているわけではないし、一生懸命に取り組んでいるという自負さえある。しかし残業が減らないのは、自分が、何にどのくらい時間をかけているのかを実際に測っていなかったり、仕事の順番を精密に決めておらず、勘や習慣から今の手順で仕事をしていることが多い。そもそも仕事の量が多いのだと思い込んでいる人もかなりいる。

時間を測ることで、自分のスピードがわかり、そして、どれほどの時間がかかるものなのかを判断することができる。期待より時間がかかっていれば、どうすれば短くなるのかを研究すればよいし、期待より早く終わっていたなら、自らを褒め、さらに上を目指せばいい。

これに関連したことで、効率のいい計画の立て方はないか、と質問されることも多い。ポイントは時間帯によって生産性は違うということ。たとえば、明日の朝一〇時までにやっておかなければいけない仕事があるとする。それを、「朝寝坊するのが怖いから」という理由で、夜に残業をする人が多い。誰もいないオフィスでひとり残って仕事をすると、生産性やモチベーションが落ちてしまう。生産スピードが落ちるのだ。本当は三〇分で終わる仕事が四五分かかったり、一時間かかってしまうかもしれない。しかし、朝七時に出社して仕事をしてみよう。そうすると、気分がよいし、残った仕事をやっているというより、先行して仕事をしているイメージになって、気分的にまったく違う。三〇分の仕事が二〇分でできる体験をするだろう。私は早く寝る習慣がついているが、これは朝九時までにやる仕事は、夜やらずに朝やるため。夜に疲れて眠くなりながら仕事をすると、時間もかかるし、クリエイティビティも落ちるが、朝早起きしてやっていると、なんだかその日を先取りした気分になり、「私さすが！」と自分を褒めながら仕事ができる。このような気分の盛り上げ方も、時間管理には重要なのだ。

残業ばかりで疲れている人は、どの時間に、自分は何をしたのか、成果につながっているのかを、この本の提案通り計測し、組み換えて自分を予約してみてはどうだろう。人によっても集中できる時間帯は違うので、自分のバイオリズムや仕事内容に合わせて、やるべきことを組み合わせて予約するといい。そして、どうしてもというときは、朝一時間早く出社して仕事をしてみてほしい。時間外労働であることには変わりないが、気分的には大きく違うはずだ。

Q 数人でアポを調整する場合や、不確定な予定はどう予定を記入したらいいですか?

数人の友人と遊びに行く予定を立てる場合、あるいは、いくつかの会社の人たちで集まって食事会をするなどの場合、全員の予定を合わせるために、いくつかの時間帯を候補に挙げて調整するということはよくあるだろう。その他にも、決定ではないが、一応、時間を抑えておいてほしいというような、不確定な案件が入ってくることも多々ある。

アクションプランナーに、そのような未決定の予定を記入する場合は、まず私は鉛筆を使用している。

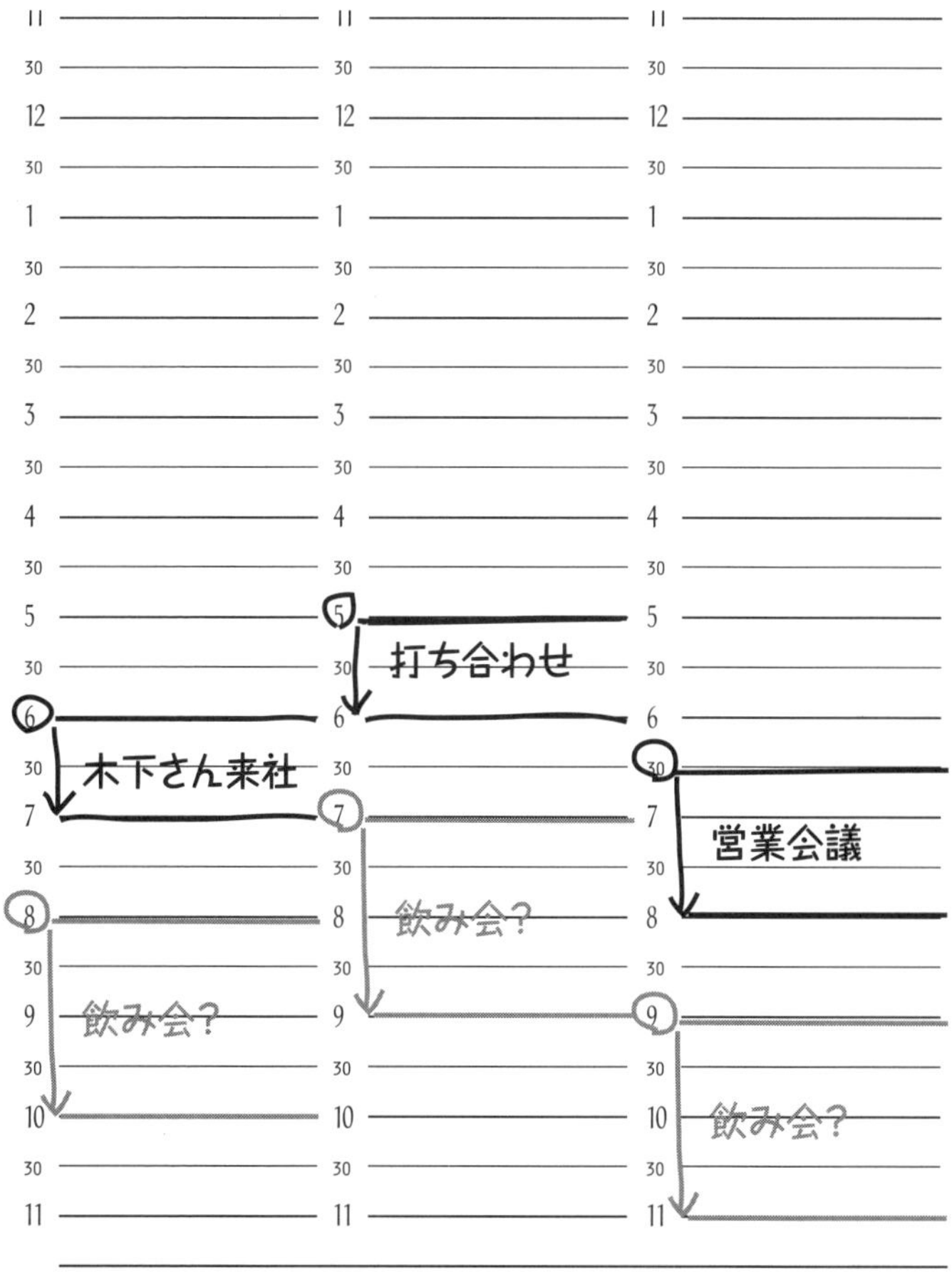

確定していない予定も、時間確保することが重要。鉛筆やシャーペンを使って、消せる状態で書き込んでおけば、後でキャンセルになった時間帯がゴチャつかなくて済む。

たとえば、三カ所の時間帯を仮押さえした場合、二カ所は必ずキャンセルになることがわかっている。決まっていない出来事だからと、何も書かないでいると、返事を待っている間に、別の予定を入れてしまう可能性がある。

だから、先方に「ここ空いてますよ」と伝えた三カ所には、鉛筆で「○社打ち合わせ？」などと「？」つきで書いておいて、キャンセルになったところは消しゴムで消すようにしている。これをボールペンなどで書いてしまうと、線などを引いて消さなければならなくなる。

また、その三カ所の場所が（日程が）離れていて、三カ所がわからなくなりそうなら、私は、「○社打ち合わせ？　□日？・△日？」などと、他の候補日も書いておく。一つが決まり、残りの二つを消すときとても便利だ。

Q 予定がどんどん変わったり、キャンセルされたりすることもあるのですが、そのような計画変更はどのようにしていますか？

まず、手帳は脚本であり、脚本家は自分自身であること、そして、それを生きる主役も自分自身であることを再確認して、「変更」に不満を持つことなく、常に「自分」が主体的に指揮をとっている感覚を持っているようにしよう。

自分自身が自分の行動計画を書いている、まさに自分の人生の脚本家なのだから、書き直しも、自分の裁量ですればいい。

自分で自分を予約するということの大切さは、「予約する」というところにあるように思うだろうが、それと同じくらい大事な点が、「自分で」というところにある。

私たちが、満足する一日を送ったと感じるのは、「思い通りになった日」だろう。会議が少なかったとか、やることが少なかったとかではなく、思い通り、になった日。これは、まさに、「自分で自分を動かした日」ということだ。

私たち一人ひとりは、自分の人生の主役として、毎日の人生を歩んでいる。そして同時に、よいニュースとして、私たちは、自分の人生の脚本も書いている。多くの人は、頭の中で脚本を書いたり、書くことを忘れて、その場その場で動いたり、あるいは、人生の一部だけを書き出したりしている。しかし、アクションプランナーを使って、自分を予約していくということは、まさに自分の人生の計画を立てていくということになる。

そして、大切なことは、脚本家が書き換える権利を持っているということ。

手帳にアポイントだけを書いていた人は、予定の変更が大変難しかったにちがいない。一つの案件がキャンセルになったとき、どこに移動すればよいのかがわかりにくい。なぜなら、手帳で管理しているのは「アポ案件」であり、どこが空いているのかは見えなかったからだ。しかし、アクションプランナーであれば、時間が見える。空いている時間が見えるのだ。だから、予定変更になったもともとの案件と、同じブロック数（三〇分枠を一ブロックとして見たとすると、一時間の案件であれば二ブロック）空いている場所があれば、そこに移動可能であることがひと目でわかる。

「せっかく計画を立てていたのに！」と思っても、相手の電話一本で、キャンセルということもある。フリーランスで仕事をしている人、サムライ業の人たちも、クライアントの突然のキャンセルはあるだろう。そのときに、困ったり、怒ったりしないで、単純に、同じ分量の時間枠が空いている場所に移動させればいい。

たとえば、週一回スポーツクラブに通うといって、一年分水曜日の夜七時から九時までの二時間、自分を予約したが、ある週の水曜日夜に重要な仕事が飛び込んできた。どうするか。もちろんOKで、手帳の中の、自分の予約を書き換えればいい。二時間だから三〇分枠を四ブロック、押さえていたはずなので、別の曜日や時間で、四ブロックが連続して空いている場所に、「スポーツクラブ」と書き直せばいい。移動先をすぐに見つけることができることで、スケジュール調整へのストレスが激減するだけでなく、そもそも自分を予約していたからこそ、スポーツクラブに行けなくなるという最悪の事態を避け、別の日に行くことができるのだ。書いた通りに行動すれば、自分が考えた通りの結果が出る。それが、自分を予約することの基本だ。

主役がハッピーでい続けるために、脚本家はその都度、ベストな脚本を書き続ければいい。書き換えはOKなのだ。

Q どんなペンを使えばいいのでしょうか?

答えは、どんなペンでもいい、ということ。好きなペンを使えばいい、ということなのだが、しかし筆記具に関する注意点をいくつか教えたい。私が使っているのはインクペンとシャーペン（鉛筆）の二種類だ。

シャーペン（鉛筆）の使い方は不確定の予定をどう管理するかという問いで、すでに答えた。書き直しが頻繁にあるような案件や、相手からの返事待ちをしている間の仮アポについて私はシャーペンで書いている。

インクペンについては、私が使っているのは、基本的に細さ0・28のブルーブラックのもの。仕事の打ち合わせも、子ども関連の案件も、全部同じ色だ。三色ボールペンなどで、色分けしているのかという質問を受けることもあるが、そのようなペンをいつも持ち合わせる習慣がないうえ、色分けすることで私の場合は複雑になると思うこともあり、色分けはしていない、仕事は黒、自分のことは青、子ども関連は緑、などとしていると、たとえば歯医者に行ったとき、次回の予約を書こうとしたら、「あ！　青のボールペン忘れた。じゃあ、メモに書いておいて後で書き直そう」なんてことになる。これでは本末転倒。そう思って、一色にしている。ペンがないときは、色にこだわらず周囲に借りて、その場で書いてしまう。アクションプランナーのよいところは、思いついたときに書き入れるということ。だから、後で書こう、という理由をなるべくつくらないことが大切だ。

もちろん、三色ペンをいつも持ち歩き、色分けが上手に習慣になっている人は、それを活用したらいいと思う。

アクションプランナーで時間管理をしていく目的は「自分自身をハッピーにするため」だから、どんなペンでもかまわない。

ただ唯一、極細のインクペンが大切な理由は、時間枠の中に、文字が書けるという点である。時間枠からはみ出たら意味がないので、とにかく細いペンを使うことをお勧めする。

Q 試験日に向けて、勉強の進め方はどうやって計画すればいいですか?

それぞれの試験によって、また、その人の状態によって、具体的な準備の仕方は違うと思うが、たとえば、試験日に向かって、いくつかの問題集を解きながら、準備するということを想定して、お答えしよう。多くの人が、試験勉強の際、「試験のために、毎日三時間勉強する!」などと決めて、歩み始める傾向がある。

確かに、「毎日、夜八時から九時は英語の勉強」などと決めることは、勉強の計画が立てられたように見える。しかし、これでは試験日に向かって前進するための計画になっていない可能性が高いのだ。時間管理をしている「つもり」で、実際にはできていない人の多くが、実際の行動を見ずして、計画を立てている気になっている。

たとえば、「大阪へ行く」という目標があったとしよう。大阪への到着日は、目標三月一日。その場合に何をすればいいか。「一日一時間歩く!」というルールを決めてどんなに毎日、計画通りの時間に「一時間歩く!」を実行しても、必ずしも、三月一日までに、大阪に到着するかどうかはわからない。なぜなら、今いる場所が不明である。一時間でどのくらいの距離が歩けるのか、知らない。今日から目標の日まで毎日一時間で、何日間かかるのかを計算していない。何も計測しないで、ただ「毎日一時間歩く」のでは、目標達成に向かううえでは、不安極まりないことが想像できるだろう。

しかし多くの人が、試験勉強だと同じようなことをしてしまっている。

まずしなくてはならないことは、試験日はいつなのか。その日まで今日から何日あるのかを調べる。同時に、その試験日までに終了したい参考書や問題集のページ数の合計を出してみる。そして、それぞれのページを学習するのに必要な分数。もうおわかりだろう。たとえば、試験日までの日数を数えたら一〇一日。勉強したい問題集は三〇〇ページ。一ページに三〇分かかる、ということであれば、毎日休みなく九〇分で、三ページずつ勉強すると、試験の前の日に終わる計算となる。しかしこれではあまりにぎりぎりすぎると考えるのが妥当だろうから、では、一日二時間、四ページずつ進めていって、二週間くらい前に終了して、復習ができるようにしたらいいかもしれない。アクションプランナーで計画を立てるときは、上記の計算をしたうえで、手帳に毎日、毎日の勉強時間を確保し、そのうえで、問題集一〜四ページ、問題集五〜九ページというふうに、具体的に、その時間で終了すべき目標を書いておく。せっかく計算しても、手帳に、「試験勉強」とか「問題集」とか「英語」とか書いてあるだけでは、「期待する行動」が不明確となるので、達成感もわかないし、計画通りに進んでいるのかどうかもわからないからだ。試験日までの日数と、勉強内容を割り算して、具体的な進度を決めて、手帳に書くだけで、安心して試験に臨める。

Q 子どもの時間管理もできますか？

もちろんできる。子どもたちも、自分を予約するという考え方で時間管理が上手にできるようになる。「子どもの時間管理」については、別の機会にしっかり書きたいと思うが、すでに毎年「小学生親子のための時間管理講座」や「中学・高校生向け時間管理講座」を開催し、全国から集まる子どもたちや親子に、自分を予約するという考え方を教えている。アクションプランナーを使って夏休みの過ごし方や、宿題などの計画の仕方、毎日の生活の組み立て方も教えている。イー・ウーマンのサイトには、講座予定などが掲載されているので、興味がある方は参加してみてほしい。

親が、子どもの時間の使い方を知っておきたい場合は、同僚や上司の予定を書くのと同様、アクションプランナーの「幅」を活用することで解決ができる。手帳に書くことは、すべて、自分の行動に関係すること。つまり、アクションプランナーの時刻の左側は、自分の行動をしっかり書く。しかし、同じ時間枠の右側のほうは、「自分と関係しているが、自分の行動ではない」という案件を書くことができる。他人の用事だからといって、欄外にメモしていると、時間の流れが見えなくなるので、必ず時間枠内に書く。

基本的には、一つ前の例で紹介した「他人の予定をどう書くか」と同じ。ただし、子どもは自分に関係が深いため、必然的に書く予定は多くなるだろう。

一つの手帳で、自分と子どもの予定を管理すれば、自分が仕事をしているとき、子どもは何をしているかがわかり、安心感は高くなる。子ども自身も、一冊アクションプランナーを持ち、親と同じ状態で、手帳に自分を予約していくとよい。

Q 友だちの誕生日などは、どんなふうに記録するのですか？

誕生日であることを記録することと、それに関しての自分の行動とを二つに分けて考えるとわかりやすいだろう。まず知人友人の誕生日は、アクションプランナーの上のスペースに書こう。祝日の記録と同じように、「ゆう子誕生日」などと書いてあれば、その日に気づく。しかし、六時より上のスペースは、その日の時間の枠外。つまり、自分の行動と関係ないスペースになる。だから、単に自分自身の記録として、朝、気づきたい！　と思っているなら、このスペースに書くだけで十分だが、この誕生日までに何か準備したい場合は、ここに書いてあるだけでは不十分だ。その準備をするための時間を自分を予約しなければならないからだ。

たとえば誕生日プレゼントを買いたいと思っているなら、「買う」という行為は、自分の行動。時間枠内に書かれている必要がある。そこで、誕生日のプレゼントを買いに行けそうな曜日と時間帯のところに、「プレゼントを買う」とチェックボックス

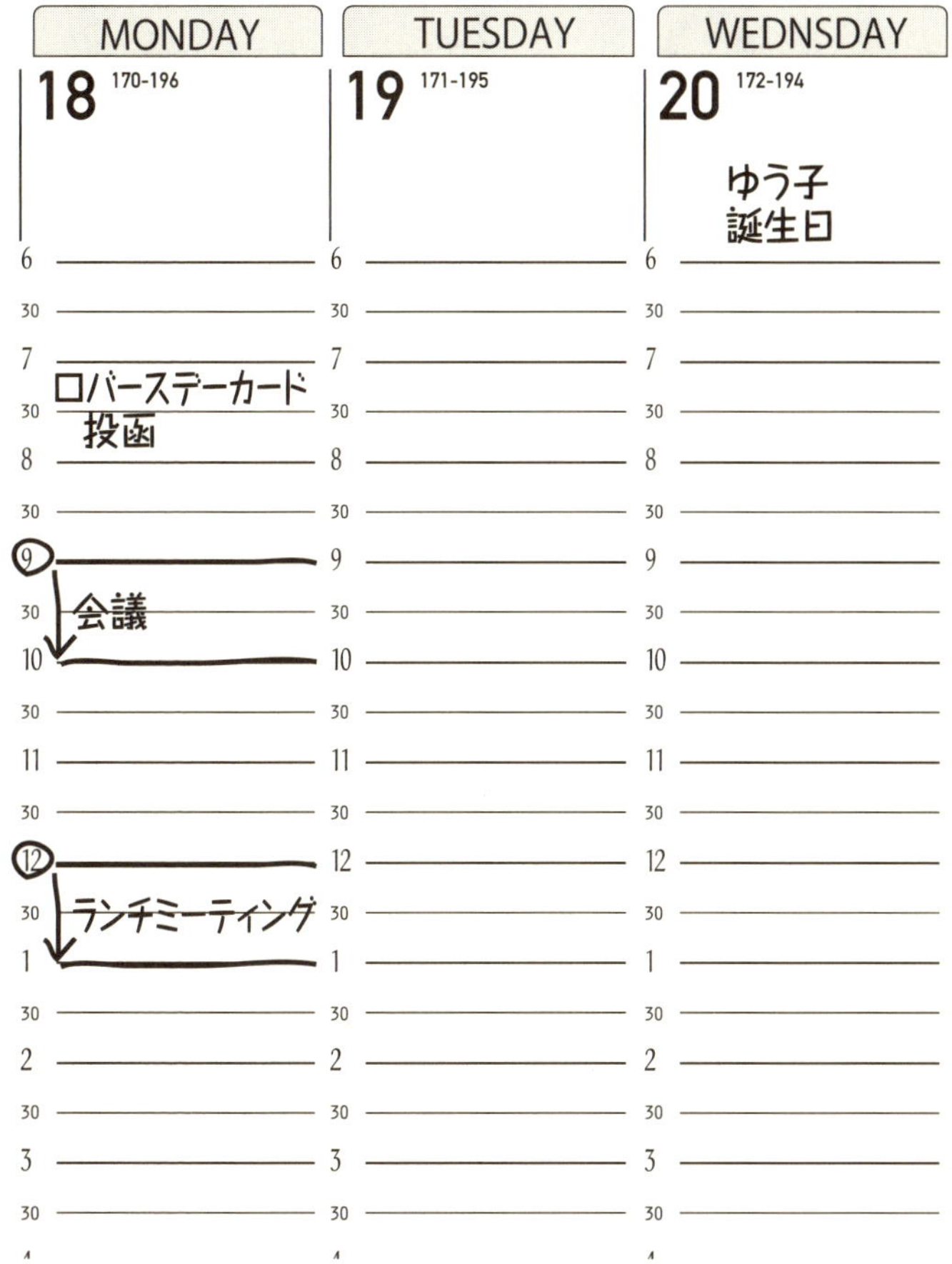

誕生日の記録と、自分の行動との違いを見極めることが大事。プレゼントを買ったり、バースデーカードを送ったりという行動は、時間軸に書き込んでいく。

付きで書いておく。

それは誕生日の前の土曜日なのか、二週間前の日曜日なのか。あるいは、一カ月以上前でも、大好きな「あのお店」の近くに行く予定に合わせて買うことにするのか。買う時間をしっかりと自分に予約をしていくのがいい。

たとえば、誕生日カードを贈りたいと思っていたら、カードを買う日時、カードを書く日時が、自分の行動として予約されている必要がある。ただ手帳に「ゆう子誕生日」と書いてあるだけでは、それまでの準備は抜けてしまう、ということだ。イベント記録ではなく、それにまつわる自分の行動を予定して、自分を予約するだけで、大切な友だちのバースデイを逃すことなく、過ごすことができるようになるだろう。

Q 大切な言葉は、どこにメモするのですか？

アポ帳や記録帳のように手帳を使っていた人たちは、手持ちの手帳に、いろいろなことをメモしたいという欲求があるようだ。今年の目標、講演で聴いた良い言葉、思いついた良いアイディア、それらをどこに書いたらいいのかという質問を受けることが多々ある。その際、私は「今までは、どこに書いていたのですか」と質問するようにしている。

たいていの人の答えが、「手帳のうしろのメモ」「手帳の最初のページ」「ノート」。あるいは一日一ページの手帳なら、そのスペースに、というものだが、実は、「どことは決まってないんですよね」とか、「どこに書いたか忘れちゃった」という人が多くいることも事実だ。「手帳にはメモスペースが多いほうがいい」と考える人もいるが、それは手帳の目的が違うということになる。

では、アクションプランナーのような自分を予約する手帳においては、どうやって、大切な言葉を記録するか。

ここで考えるのが、大切な言葉を記録したい！　という欲求は、なぜ起こったのか、ということを自分に問いかけてみることだ。大切な言葉を「記録したい」のか、大切な言葉を自分の人生で「活用したい」のか。記録か、活用か、どちらの目的なのかを考えてみる。

こんなふうに自分に質問してみると、実は、メモはしていたものの、何に使うのかは考えていなかった、ということに気づく人も多いかもしれない。記録するだけというなら、別のノートをつくって「大切な言葉ノート」とすればいい。大切な言葉の備忘録だ。しかし、せっかく聞いた良い言葉やメッセージは、自分の明日に活かしたらいいと思う。だから私の提案は、「自分のアクションに結びつけられるように書こう」ということ。書いたことは、行動につながってこそ価値があるのだから、そこに結びつけようと思うのだ。

ではどう書くか。

使うということは、自分の行動の時間枠内に書かれているということなので、今聞いた話、今読んだ情報をメモしておきたいという衝動にかられたら「これは、誰に伝えたいだろうか」「このメッセージは、どんなふうに使いたいだろうか」と考える。営業スタッフとシェアしたい情報なのであれば、ページの余白やうしろのメモ欄に書きとめるのではなく、次回の営業ミーティングの時間枠の中にチェックボックス（□）を書いて、メモしておく。すると、その日、その時刻になって、営業ミーティングを開催するときになって手帳を見ると、「あ、この情報、皆に伝えようと思っていたんだ」と思い出し、きちんと伝えることができる。

あるいは、今年の自分のテーマを「人にやさしくする」に決めたとしよう。手帳の最初のページやうしろにメモしていても、それは頻繁に見ることがないかもしれない。だったら、今年の目標は、毎月一日の朝のところに、書いておいたらどうだろうか。具体的な「行動」でなく、その日に「思い出せばいい」という言葉だから、六時より上のスペースに書いておいてもいいかもしれないし、朝六時から七時の枠内に書いて、一カ月を振り返ったり、これからの一カ月を考えてもいいだろう。手帳を手にしたときに、一年分、毎月一日のところに一二回書いてしまう。そうしたら、毎月、月初めに、「人にやさしくする」を見て、心新たにできる。

このようにすることで、「良い言葉」「良いアイディア」と思ったことを、ただメモして、記録・蓄積するだけでなく、どんどん活用していくために、時間枠内に書き入れることができるのだ。

Q「毎月映画を見たい」、という、日時の決まらない目標は、どうやって計画したらいいですか？

確かに、「今年こそは、毎月一回映画を見にいこう」、とか「ミュージカルを毎月見たい」などを目標とすることもある。または「春と秋、二回は温泉旅行に行きたいなあ」などと考えた場合、これはどうやって、アクションプランナーに書いていけばよいのだろうか。一年分自分を予約するといっても、半年先に公開される映画の内容も、映画館も、上映時刻もわからないのに、どうやって自分を予約すればいいのだろう。こういった質問を受けることがあるが、もちろん、予約できるし、自分を予約することで実現可能性がグンと高くなる。

まずこの場合は、映画を見るまでのプロセスを分析して考えてみよう。「映画を観る」前に誰もがすることは、「映画を選ぶ」「上映中の映画を探す」「映画館を選ぶ」などという行為。もうわかるだろう。毎月映画に行きたいのであれば、映画を見る時間を予約するのではなく、確実に最初にする行為、「上映中の映画を探す」時間を、自分に予約するのだ。

今年こそは月に一回映画を観たい、ということなら、たとえば、毎月、第一土曜日の朝、起きそうな時刻のところに「映画を選ぶ」時間として三〇分でも六〇分でもいい、自分に予約を入れておく。これは、楽しい。第一土曜日の朝は、目が覚めたら、おいしいハーブティーでも飲みながら、上映中の映画を探してみればいいのだ。これなら、必ず毎月できる。そして観たい映画、行ける映画館、と上映時刻を選択し、手帳に、自分を予約する。もちろん移動時間も書いておくし、場所によっては前後にショッピングなどのプランを立ててもいい。それに、可能なら、映画のチケットを、事前予約してしまえばいいだろう。確実に行ける。

このようにやりたいことの日時が不確定なものの場合は、それを調べる、決める、申し込むなどの具体的行動を今から一年分、自分に予約をしたらいいだろう。それにより、決められないと思っていた映画を毎月観るという行動さえも、しっかり予約でき、実現できるようになる。

Q たとえば、二年後にブータンに行きたいなどの長期的な計画の場合、どんなふうに書き入れたらいいですか？

長期的な計画も、もちろん、今まで説明してきたのと同じ方法で、自分を予約し、行動計画にしていくことができる。最初に大切なことは、「二年後」とはいつかを明確にすること。「二年後」という表現のままでは、アクションプランナーに書くことができない。なぜか。

今日の二年後と、明日の二年後では、すでに一日のずれがあるからだ。二年後は、永遠に二年後であることを、あらためて認識しなくてはならない。

では、二年後とはいつか。

もし今日が、二〇一一年一二月二〇日だったら、二年後は、二〇一三年一二月二〇日。ということは、「二年後にブータンに行きたい」ではなく、「二〇一三年一二月二〇日に、ブータンに行く」と表現を変えることが必要だ。

日付を明確にしただけでも、ワクワク、ドキドキするし、旅行が、急に夢でなく現実のものとして見えてくる。

「アクションプランナー2012」の場合は、二〇一三年一二月まで、見開き四カ月でついているので、最初にすることは、二〇一三年一二月のページを開き、一二月二〇日（金）のところに「ブータンへ出発」と書く。この瞬間に、かなり現実味を帯びてくるだろう。

「本当にその日に出発するか、わからないじゃないか」と言う人がいるが、仮の予定でもいいから、一度立ててみることで、現実性が高まる。「いつ出発か、正確な日程がわからない」ということを理由に、書くことをしないと、たぶん永遠に、いつ出発するか決められないはずだ。だから、鉛筆でいいので、二年後の、出発できそうな日付に、出発と書いてみる。

行く前にすることは、その旅行の申し込み。申し込みをするのはいつか。だいたい三カ月前かな、と思えば、九月二〇日のところに、「ブータン旅行、申し込み」と書く。そうすると、そのための旅行探しは、いつからするか。いろいろなツアーパッケージを探すのか、ガイドブックを見ながら自分で組み立てるのか。いずれにしてもどんな旅行があるのかをリサーチし、具体的な日程を含めて検討するのが、申し込みの二カ月くらい前からであれば、七月二〇日のところに、「ブータン旅行を選び始める」などと書いておくのはどうだろう。さらに私だったらワクワク気分を味わいたいことや、だいたい同じ時期にどんな旅行があるのだろうかと考えたいので、旅行に行きたい年の一年前、二〇一二年一一月ごろには、ブータン旅行の資料を集めてみたいと思う。新しいアクションプランナーの二〇一二年一一月三日（土）の朝は、「ブータン旅行のツアーパンフを集めてみる」などと書いておくにちがいない。これで、二年後に、ブータン旅行に行くことができる確率は、かなり高まるはずだ。

つまり、一年後、三年後といった遠い目標も、今月中、今週中という近い目標も、締め切りの日付けを決め、その日から今に向かって逆算法で、自分を予約していくのだ。予約をするということは、手帳に書くということ。書いたときから、一歩ずつ、実現に近づいていく。

Q テレビや雑誌で見た素敵な温泉の情報は、どこにメモしたらいいですか？

テレビや雑誌などを観ていて、「わ、この温泉行きたい！」と旅館名をメモしたことがあるだろうか。新しくできたレストランの話を聞き、行きたいと思ってレストランの名前をメモしたことは？　読みたいと思った本の名前を、どこかに書きとめた、という経験はどうだろうか。一度や二度、メモを取ったことはあるだろう。

では、その温泉に、レストランに、どのくらい行くことができただろう。その本を、きっちり買うことができただろうか。メモすらなくしてしまった、そもそもどこに書いたか記憶がない、ということもあるかもしれない。

「わ、行きたい」と思った温泉やお店の情報は、「行けそうな時間枠内に書く」のが基本だ。考えたこと、いいなと思ったことを、次々と自分の行動に転換させていくのが、自分を予約することのパワー。

たとえば、表参道にオープンした新しい店に行ってみたいと思ったら、手帳をめくり、自分が表参道近辺にいる日時を見つけることから始めたい。

来週の火曜日、午前一一時から、表参道のイー・ウーマンでミーティングがある！ということであれば、ちょうど、会議終了後の昼の時間帯に、その店の名前を書いておけばいい。そうすれば、イー・ウーマンでの仕事が終わったところで、行きたかったあの店に行くことができるだろう。

ポイントは「その情報が使えそうな時間帯」「実行できそうな時間帯」に書くことだ。

では、温泉はどうするか？

そんなに日常の仕事の合間に行ける場所ではないし、今すぐ行く日を決めて予約したいわけではない。その場合は、「この温泉のことを、もう一度考えたい時間」に書く。

映画の予約のところで説明したのと同じ発想だ。

素敵な温泉情報を聞いたからといって、その場で、その温泉に行くことを決めるケースはむしろ少ない。いい情報を耳にしたというステージから、実際に温泉に行くというステージまでの間に、たくさんのステージがあるのが普通だ。

たとえば、

・温泉へのアクセスを考える（到着までの所要時間と旅費）
・温泉の効能を調べる
・食事のメニューは
・お部屋の感じは？
・温泉近郊の観光の様子
・他の温泉宿との比較

だから、温泉へ行くときの最初の行動は、「興味を持った温泉のことをもっと調べる」ということになるだろう。映画同様、温泉に行く前に必ずすることとして、温泉を調べて予約する、という行為を、自分に予約するといい。だから、「いいな」と思った温泉があったら、その温泉についてもう一度考えられそうな時間帯を選んで書けばいい。

たとえば、どこか土曜日の朝が空いている日を探して、その土曜日の朝のところに、チェックボックスを書いて「○○温泉を調べる」と書く。その土曜日、朝起きたら、その温泉を検索して、部屋の感じ、料金、アクセス、周囲の観光ガイド、泊った人の評判などを見る。調べてみて、その温泉が気に入ったら、手帳をめくって、空いている週末を選び、予約するだけ。ちょっとここの温泉は、予約しなくていいかな、と思っても、それでOK。メモした紙をなくしてしまうより、調べたかったことを調べることができた満足感を感じるだろう。こんなふうにしたら、温泉旅行の実現も、グッと近づく。

Q 週二回、スポーツジムに通いたいと思っています。どうやって計画を立てたらいいでしょうか？

「毎週一回、中国語を勉強したい」「毎週一回、泳ぎたい」など、週に○度、月に△回などを目標として掲げることは、誰もが一度くらいは経験があるはずだ。それらを年の始めに今年の目標といって、掲げる人もいる。しかし、そうした「誓い」を実際の行動計画に反映させている人は少ないようだ。たとえば、定額で一カ月八〇〇〇円などというスポーツクラブや語学学校に申し込んでいる人で、毎週期待している回数通えているという人はどのくらいいるのだろうか。どうしたら確実に通える計画がつくれるのか。アクションプランナーを使う簡単な方法を紹介したい。

まず「週に一回」という表現は具体的な計画だと勘違いする人がいるが、これは、具体的ではないということを理解する必要がある。アクションプランナーの見開き一週間のページの中で、「書き入れることができない」表現は、曖昧ということになる。週一回というだけでは、まだ、どこに書いていいかわからない。そこで、何を決めるかというと、週一回とは何曜日の何時なのか、を決める。

人によっては「そんなのわからないよ」「空いたときに行くんだから」「先に決めるなんて無理」と言うかもしれないが、その場合は、自分で、自分の本当に希望することは何なのかを考えるとよい。「毎月の費用を払っているが、回数は関係なく、行けたら行くので大満足」という人はそのままでOK。でも、「毎月の費用を払っているのに、行くことができていない自分にがっかり」という人は、改善したらいい。シンプルだ。

改善したい人は、自分を予約する。

今週のことは、予約しやすいだろう。「週一回のスポーツクラブ」を何曜日の何時にするか決める。「週の半ばに体調管理したいかな」と水曜日の夜七時から二時間と決めたなら、今週の水曜日の夜の七時の7の数字を丸で囲み、夜九時のところまで、矢印（↓）を引く。そして、七時と九時のところの横線もなぞる。その中に「スポーツクラブ」と書く。

これで自分に予約ができた。

次に、七時にスポーツクラブに到着するために、会社を六時半に出るのであれば、六時半の線上に「会社を出る」と書き、横線を引く。

これで、完璧だ。

あとは、手帳を見ながら生活して、この日時になったら移動すればいい。

今週はこれでいいが、来週はどうしようか。

来週も水曜日の夜でいいか。

ここで「そんな先のことはわからない」という人が多くなるのだが、ポイントは自分を予約すること。仮予約でもいい。予約して、手帳に書いておくことが大切だ。書いてあれば、見たときに思い出す。不都合があれば、別の日に移動させればいい。でも、書いていないと、移動させることさえ忘れて、その週に行かなくなってしまう。

では、来週、やはり水曜日の夜七時としたとしよう。その場合、来週のページをめくり、水曜日夜七時から九時に線を引き、スポーツクラブと書く。鉛筆でいい。自分への仮予約だ。その次の週も、その次の週も、一ページずつめくり、毎週毎週、アクションプランナーが終了するまで、最後のページまで書いていく。

このときに重要なことは、その週が何日なのかを感じ取りながら書くこと。機械的に書いてはいけない。「あ、この時期は会社が忙しいから水曜日も早くは帰れないなあ」と思えば、土曜日の午後に書く。「あ、これは祝日。だったら、夜じゃなくて、朝一番で行こうかな」と思えば、朝一番に。「わ！　これ、私の誕生日」と思ったら、違う日に移動しよう。今から、何カ月も先の分の誕生日の夜を、スポーツクラブという仮予約を自分に入れるのは、ちょっと寂しい。

とにかく、一年分を想像しながら、自分に仮予約を入れていく。これによってはじめて、週一回という「期待」が、実際の「行動」に近づいてきた。手帳に書いておけば、自分を予約したことになる。予約をしておけば、その行動を実現できる可能性は、何も書いていない状態よりもはるかに高くなるのだ。

Q 「やる」と決めて計画を書いても、やる気が出ないことがあるのですが、どうしたら、書いたことが実行できるようになりますか？

どんなに上手に計画を立て、自分を予約して手帳に書いても、その時間に起きられなかったり、その時間になってもやる気が出なかったりすると、物事は上手く進まない。ワークライフバランスとは、何をしていても、ベストパフォーマンスが出せる状態のことと書いたが、まさに、自分自身が、いつもいい状態でいるようにすることが、とても大切なことであることを、今一度思い出さなくてはならない。

二時から三時までに企画を考える時間と自分を予約しても、やる気がでない。土曜日の九時に英語を勉強すると書いても、起きたら一時だった……これでは上手くいかない。

自分の人生は、自分の手で脚本を書き、自らが主役として生きていく。その主役の自分を元気にしておくことが、とても大切だということをしっかり認識して、そのためにすべてを尽くすことがいいだろう。自分の行動や時間を管理して、自分をハッピーにしていくためにも、自分が元気でいることが大前提。しっかり取り組んで、元気な自分となり、いい時間を過ごしてほしいと思う。

この、元気でいることを私は「元気管理」と呼んでいる。時間管理をする人は、元気管理ができていなければいけない。

では、元気をつくるにはどうしたらいいか。きちんと三食食べて、きちんと眠ること。いくら、手帳を変えても、元気な前向きなエネルギーが出ていない状態だと、前進しにくいだろう。私は元気をつくる要素は三つあると考えている。カラダ、心、思考の三つだ。一つ目のカラダの元気のためには、三食食べること。朝ごはんも毎朝同じ時間に、しっかり食べること。できれば食材はカラダによいモノを選ぶこと。私は発芽玄米を主食にしているが、主食を変えるだけでも一日の食生活の健全度が上がる。私はサプリメントも飲んでいる。メロンリペアは九年間毎朝二粒飲んでいるし、それに加えてビタミンやミネラルを飲むこともある。睡眠も重要だ。夜一〇時から午前二時が、成長ホルモンが出る時間帯であると、出産したときに保健所で習った。なるべくこの時間帯を多く含むように睡眠を取るようにしている。朝は五時前後に起きることが多い。早寝早起きでカラダを整えることは起きたときに自分が機能するように準備することなので、睡眠は重要な仕事だと思う。それから心。精神が安定していること、ストレスを短時間でカラダから出すことも、している。思考も、超前向き思考だ。病気をしないかどうかとか、持病があるかどうかということではなく、やる気というエネルギーがカラダから満ち溢れているかどうかが、元気のポイント。エネルギーが出るように、カラダ、心、思考が元気でいることは、自分が主役の人生をハッピーに生きる基本だから、ぜひしっかり取り組んでほしいと思う。

Q 計画を立てても予定通りに上手く進まないことばかりです。上手くいく、計画の立て方はありますか?

まず、予定変更もOKということ。そのうえで、自分の予約の仕方に無理がないのかを点検することを、まずはしていきたいと思う。

そもそも、時間管理の目的が、自分自身をハッピーにすることである、ということを再度思い出そう。予定通りではないが短期的に考えても長期的に考えてもハッピーな一日だったというのであれば、それは、良い一日だったということだろう。だから、予定通りにいかなくても、脚本家の自分が、主役の自分の動きをより良いものに書き換えたのであれば、何も問題ないということになる。

しかし、毎日変更を続けるというのも気持ち悪い。どうやったら、変更が少ない、予定通りの行動の数を増やしていくのかを考える必要がある。

まず、三〇分刻みで時間が見えると、すべての欄に予定を入れたくなる人がいるのだが、実際の生活は突発的な案件もあるので、すべてに入れてしまうと、予定通り動けないことが出てくる。大切なのは自分のポジションや職種を考え、どのような調整時間が必要かをわかっていること。それは、「クッションの時間」といい、さまざまな要件を吸収するための時間であり、手帳の上では、あえて空欄にしておく。

ときどき「せっかく計画を立てても、会社では、周囲から邪魔されることもあり、上手く進められないのですが」といった質問を受けることがある。

確かに、自分が集中してモノを進めているときに声をかけられると非効率だ。しかし、多くの人にとって、会社は周囲の人とともに働く場なので、声をかけられたりするのも、当然のことだと思う。逆に、誰も話しかけない、一本もメールも来ない、電話もかかってこない、という一日があったら、そちらのほうを心配したほうがいい。

だから、「突発」ばかりでもないし、「邪魔されている」わけでもない。毎日起きるそれらを想定して、計画を立てる必要がある。手帳では美しい予定でも、予測した時間が短かすぎるために、実際は実現しないということも多いのである。

まず自分自身が、誰とも話さずに集中したら何分でできるのか、という視点では計画を立てない。組織内での日常の中で何分かかるのかを知って、計画を立てる必要がある。

集中したら何分でできるのかという情報は、もちろん知っておいたほうがいい。計測することが大切だということも書いた。最短でもどの程度の時間があれば、終了できるのかの自分の時間を知っていることで、緊急事態での対応力に大きな差が出る。

しかし、計画を立てるときは実際に自分が必要とする時間に、メールの対応や話しかけられて中断する時間も加味して自分を予約するのだ。仕事内容に応じて、どの時間帯にそれを入れるのかも選べばいい。朝のほうが速くできるかもしれないし、夕方がよいのかもしれない。ポイントは自分の生産性を把握すること。そして、実現するために計画を立て、自分を予約する。不測の事態を嘆くのではなく、実現可能な行動計画に柔軟性と対応力を盛り込むことで、ハッピーな時間管理に近づくのである。

Q 時間管理をやろうと思うのですが、手帳を使うことさえ長続きしません。続ける方法はありますか？

「今までいろいろな時間管理術に挑戦したのですが続きません。どうしたら続けられるでしょう」。講座を受けたある外交官から質問を受けたことがある。この質問は、企業で時間管理講座を行っても、公開講座をしていても、頻繁に聞かれる質問だ。

私の答えは単純。

「上手くいけば、続きますよね」

「楽しかったら、続きますよね」

つまり時間管理の方法を学習したり、手帳の使い方を記憶したりしてみても、方法論を学習しているだけでは、続けられない。

「こういうときは、どうするんだったかな」と「正しい書き方」を思い出そうとしているうちに、つまらないし、役に立たないし、わからなくなってしまうからだ。

しかし、私がなぜアクションプランナーを使い続けているかというと、この手帳を使うことで、この方法で書くことで、毎日が充実し、できることが増え、自分の可能性が広がり、ハッピーになるからだ。自分を予約する習慣がつくことで毎日が動き始め、自分の達成感もある。忘れてしまうこともない。こうなってくれば、続けることは当たり前。続けることではじめて、自分がうまくいく。つまり、この本で示す方法は続けようという意欲や努力を必要とするものではなく、毎日着実に実践することで、よい体験が増え、続けたくなってしまうことにポイントがある。続けるためには、この方法を実践して、毎日一つでもできることが増えた体感、うっかりが少なくなる体感、昨日より、何だか前向きに動いている実感などを、感じることだ。嬉しいことが増えれば、続けたくなるはずだ。

Q 会社でのスケジュールツールや、携帯などのスケジューラーとは、どのように使い分けをしたらよいのでしょうか？

現時点では、携帯電話等のスケジューラーは「優れたアポ帳」だと思う。約束を忘れないように記録するツールとしては、今までの紙のアポ帳よりずっと使い勝手がいいはず。アラーム機能を使えば、思い出させてくれるし、デジタルなので、手軽に更新や変更もできる。アポ帳としてこんなに便利なものはない。

しかし、「アポ帳」以上のことはできない。自分を予約していくための空き時間も見えにくいし、見開き一週間の一覧性もない。「いつも開く」もできないし、不自由なのだ。

では会社内で、皆が共有しているスケジューラーはどうだろう。私は、このソフトこそが、社員の生産性を落としている原因だと信じている。人間は会議室ではない。共有スケジューラー上で物理的に空いているように見えても、かならずしもそうではない。誰かが招集する会議に、無理やり必要な人を招集しても、集まってきた人たちの心はそこにない場合もある。他の企画を考えている人もいるかもしれないし、ＰＣを開いて、違う仕事をしている人もいるかもしれない。人が「work」する（機能する・役立つ）ためには、心と頭が意欲的でなければならないはずだ。

自分の意志とは関係なく、スケジューラー上で時間が空いているからと、会議を入れられてしまう。これでは、その会議に対してのモチベーションは上がりづらいだろう。

スケジューラーは、機能的でスムーズに複数の人間のスケジュール調整ができる便利なツールだが、実はチームの生産性を下げ、参加者の意欲をそぐツールなのではないかと、私は思っている。

これが手帳だったらどうだろうか。上司に「明日の一〇時から会議に出席してくださいい」と言われる。自分としては、その時間に別な仕事をしたかったが、一応「わかりました」と返事をして、手帳にその時間を書き込んで予約する。この書き込むという行為がとても重要だ。手帳に書き込むという行為は自分の意志で行っていることだ。つまり、その会議の予定を嫌々ながらも手帳に書き込んだ時点で、その会議には自分の意志で出席することになる。複数人で時間を決めるときも、その調整には少し時間がかかる。しかし物理的に空いている時間ではなく、本人の意志で「空いている」といった時間をつけあわせたほうが、参加者の志はつまっている。それは面倒だという人がいるが、会議日時の決定までのスピードを短くすることと会議内容の充実を比較すると、後者のほうがよいのではないかと考える。それが最終的には時間の節約にもなり、時間効率がとてもよいということになる。

自分に予約をすることで「明日の一〇時から会議だ」と意識が向く。これだけで、知らないうちに会議のスケジュールが入っている状態と比べると、はるかに積極的になれる。

Q 慌てることはありませんか？

言葉遣いを変えることで自分を落ち着かせたり、そのような印象を与えることができる。たとえば、私は「バタバタ」という言葉は使わない。「時間に追われる」とも言わない。意味がないうえに、自らが無計画で慌てているように聞こえる単語を発すると、自分が本当にそんな人になってしまうからだ。だから言葉を選び続けることで、パニックになるような慌てることにはならない。とても忙しい毎日だし、計画通りに進まないことも多い。でも私は、常に冷静に、計画を組みながら前進していると思う。

そして、言葉を選ぶことで、自分を幸せにしている。

おわりに

ここ数年、手帳ブームが起きている。二〇〇六年一一月二五日の朝日新聞でも、火付け役は私と書かれているが、その通り。確かに、私が、日本で最初に「自分を予約する」という考え方で私のオリジナルな時間管理を話し始め、注目を浴びた。そのことを本にしたとき、出版して一カ月もたたないうちに「同じことを実践したいが、そのようなことができる手帳は売っていない」「佐々木さんの言っている手帳は、どのメーカーのどの手帳なのか」など一〇〇〇件以上の手帳の問い合わせがあった。そもそも手帳を販売するということは考えていなかったのだが、こうした多くの人からの問い合わせや依頼に応える形で、発売元と交渉し、私の要望による修正を加え、日本の祝日に差し替え、特注制作をして、希望者にお分けすることから始まったのが私のアクションプランナーのプロデュースだ。それ以降、毎年のように私のアイディアが加わり、ついに二〇一二年版からは、完全オリジナルの手帳として販売することとなった。その特徴は、アクションプランナーサイト（www.actionplanner.jp）にて確かめていただきたいが、毎日持っていて、自分が幸せになる、そんな手帳としてグレードが数段アップしている。見ているだけでもハッピーになる手帳を持ち、日々、自分を予約し、前に歩いていく。

なぜ、そもそも私が、時間管理の話をするようになったのか。それは、私に二人の子どもがいて、小さいが二つの会社を経営していることで、そのテーマでの取材依頼が多かったことに始まる。外部の人たちから見ると、講演をしたり、テレビや雑誌などに出たり、また、政府の審議会の委員をしていたりと、さまざまな仕事をしているようにも見えたのだと思う。でも私自身は、そんな実感はなかった。それは、自分というひとりの人間の、一本の時間軸のうえに、私が選んだ、私の仕事を、自分の意志で書き入れていたからだと思う。

大学生のころから手づくりのオリジナル手帳で始めたその方法は、今、私自身にとっては、必要不可欠な手帳術となったし、子どもたちにも受け継がれつつある。

人生はドラマにたとえることができる。自分が主役。そして、そのドラマの脚本も自分で書いている。他人に影響を受けることもたくさんあるが、自分で、自分の物語をつくっていくのが人生だ。そして、その人生の脚本が、手帳といえる。

手帳という脚本に、自分を予約していくということは、主役である自分のドラマを、自分で書いていくということ。人生をこんなにも主体的にとらえることができるのは嬉しい。何ごとも、自らが主体的に関わることで、面白さが増し、アイディアが生まれる。前進していく意欲にもつながる。たとえば、ドラマの第一話で何か失敗をしてしまったら、第一話を閉じ、第二話を始めたらいい。主役の環境や行動を決めていくのも、自分。人生の脚本家であることを知るのは嬉しいことだ。

自分を予約するという考え方と本書で紹介した手帳術で、「何となく忙しい」からは抜け出すことができる。自分の期待している行動を書き、それを実行することで行動も気持ちも変わるのだ。ある意味で、この手帳術は自らの習慣を変えることから始まる。アポを書くだけだった手帳に自分を予約してみる。小さな手帳が好きだった人が、自分を予約するために手帳を変えてみる。どれも自分を今までよりハッピーにするために習慣を変えることである。続けてみるとすぐにわかる幸福感や達成感だから、これからも多くの人たちに活用されると思う。この本を読んだ皆さんも、ぜひ実践し、毎日をハッピーにしてほしいと思う。アクションプランナーユーザーが、周囲の人たちに貢献できる人たちの集団になっていったら、私自身、こんなに嬉しいことはない。

自分を予約するための本と言いながら、この本ができるまでには多くの方のサポートをいただいた。いろいろ話を聞いてくださった三浦一紀さん、本当にお世話になりました。

そして、長年にわたり理解し、応援してくださっているダイヤモンド社の音洲省一郎さん、有難うございました。音洲さんの熱心なサポートなしに、この本は誕生しませんでした。また、イー・ウーマン、ユニカルインターナショナル両社のスタッフのみんな、そしてわが愛する子どもたちに、心から感謝の意を表したいと思います。

毎年、時間管理術講座にご参加くださる全国のみなさん、韓国、台湾、中国、ベトナム、アメリカ、フランスなど、各国でのアクションプランナー愛用者のみなさん、皆さんの今日が、そして明日が、充実して幸せな時となりますように、ご活躍をお祈りしています。ぜひ、私がお教えする時間管理講座にいらしてください。

そして、アクションプランナーの最新情報は、アクションプランナーのサイトでご覧ください。

上手に手帳を使って自分を思い通りに動かし、人生楽しみ、周囲に貢献していきましょう!

二〇一一年一〇月

佐々木かをり

時間管理講座等は

アクションプランナー公式サイトをご覧ください:www.actionplanner.jp

付録

自分を予約できた五人の事例

アクションプランナーを使い年収が二倍になったドッグカウンセラー

犬のしつけやホリスティックケア（食事や生活環境などをトータルにケアし、体と心のバランスを整えながら健康を維持する方法）などを行う「ドッグ・ベル」代表、奥田香代さんは、アクションプランナーに出会ってから、年収が二倍になったそうです。いったい、どのようにアクションプランナーを使いこなしているのでしょうか。

編集部：アクションプランナーを使い始めたのはいつごろですか？

奥田さん：二〇〇五年です。当時は、愛地球博の職員で、それほどスケジュール管理が必要ではなかったので、あまり書き込んでいませんね。だから、途中で別の手帳に浮気したこともありました（笑）。その後独立して起業したもので、普通の手帳では時間管理ができないことがわかり、またアクションプランナーに戻しました。

編集部：起業してから本格的に使い始めたというわけですね。どのようなお仕事なんでしょうか。

奥田さん：ドッグトレーナーといって、犬のしつけ方を飼い主さんに教えるのがメインです。独立した当初は、お客様の家にお伺いして、一時間単位のレッスンを行っていました。移動時間なども含めて、効率よく時間を使わないといけない状況だったので、三〇分単位で書き込めるアクションプランナーが一番しっくりきました。

編集部：年収が二倍になったということですが、その原因は何ですか？

奥田さん：簡単にいえば、時間管理が無駄なくできるようになったおかげで、当初の二倍仕事が入れられるようになったということが大きいですね。また、移動時間や移動にかかる経費を考えた結果、自分で場所を借りて、そこでトレーニングを行うという形式に変更したのも要因だと思います。この手帳を使っていなかったら、そのことに気がつかなかったもしれませんね。

編集部：手帳を拝見させていただくと、独立した当初はものすごい細かく書き込みをされていますが、最近になるとそれほどでもありませんね。通常、使い方が深まれば書き込みが多くなりそうですけれど。

奥田さん：一時期は丁寧に移動時間なども書いていましたけれど、自分でわかるところは省略してしまっています。手帳の書き方もこなれてきたということでしょうか（笑）。

編集部：奥田さんはもともと手帳がお好きなんですか？

奥田さん：そうですね。携帯電話でスケジュール管理などもしていたことはありますが、やはり手帳に戻ってきました。仕事柄、誰も守ってくれないので、信用をつくるにはアクションプランナーでしっかりと時間管理をしておかなくてはいけないと思っています。お客様によっては、約束した時間などの記憶が曖昧な方もいらっしゃいますので、そのときにこの手帳を見れば、正解がわかります。やはり、こちらがしっかりしていないと失礼ですからね。

編集部：他の方にお勧めしたりすることはありますか？

奥田さん：ありますね。やはり独立して個人で動いていらっしゃる方には最適だと思います。三〇分単位なので移動時間なども細かくわかって、スケジュールが組みやすいことが一番のお勧めポイントですね。あと、確定申告のときにもいつ、どこに行ったということが証明できます。

編集部：まさに事業と直結している感じですね。

奥田さん：はい、直結しています。独立していなかったら、ここまで使いこなしてはいなかったのではないでしょうか。

時間を可視化することで「できる」という実感が増しています

三〇代の会社員、高野雄一郎さんは、二〇〇八年からアクションプランナーを愛用。時間管理という概念がなかった高野さんが、アクションプランナーを使うことで仕事の効率もアップしたと言います。自分の予定を可視化できるこの手帳が、どれだけ高野さんの効率化に貢献しているのでしょうか。

編集部：なぜアクションプランナーを使おうと思ったんですか？

高野さん：佐々木さんを雑誌で拝見したのがきっかけです。佐々木さんが提案している手帳だから一度使ってみようかと思いまして。

編集部：実際使ってみて、使う以前とは変わったところはありますか？

高野さん：仕事のことやプライベートのこと、すべて上手く時間管理ができるようになりました。特に仕事については、段取りをちゃんと組んで余裕を持ってできるようになりました。

編集部：最初のころは、夜ばかり書き込みをされてますね。

高野さん：最初は仕事以外の、プライベートのことしか書いてませんね。どうやって使ったらよいのか当初はわからなくて。それで私としては書きやすかったプライベートなことを書いていました。

編集部：仕事の予定管理は、別の手帳などでやられていたわけですか？

高野さん：いや、それも特に何もなく（笑）。仕事の予定管理はしていませんでした。当時はそこにはあまり大きな問題意識はなかったですね。

編集部：現在はシステム関連の部署に異動されて、予定の入り方が変わりましたか？

高野さん：今の部署は打ち合わせも外出もたくさんあります。予定を組んでおかないと、上手く時間管理ができませんので、必然的に使うようになりました。

編集部：アクションプランナーの前に別の手帳を使っていましたか？

高野さん：はい。一カ月見開きの。一日分三行くらいしか書けないようものを使っていました。今思えば、備忘録みたいなもので、全然段取りを組むこともできず……。まさに予定を忘れないためだけのものという認識でした。

編集部：先ほどから「段取り」という表現が出てくるんですが、昔だったらこういうことが、今はこういうふうに変わったというようなことはありますか？

高野さん：たとえば、今日、月末三一日に大きなイベントがある場合、それに向けての工程を書いていきます。余裕を持って一週間……最低でも三日前に終わらせるように、あらかじめ時間の予約を入れて、必ず三日前には終わらせます。残りの三日でちゃんとチェックして、本番を迎えるというような、時間の確保ができるようになりました。

編集部：佐々木さんの講座を受けたことがあるということですが、時間管理のアドバイスで一番印象に残っていることは？

高野さん：「二四時間は誰にも同じだ」という考え方ですね。みんな一日二四時間じゃないですか。で、それをどうやって使うかによって人生は大きく変わり、幸福度も大きく違ってくるという話に感銘を受けました。

編集部：結構書き込まれていますが、逆にスケジュールがいっぱいで切羽詰まった気持ちにはなりませんか？

高野さん：逆に、もうできないという場合には書かないようにしています。無理して詰め込みすぎないように。私、欲張りな性格なんです。なんでもかんでもやりたいって思ってしまうんですね。それで、予定を書いておいて、逆にできなかったら結構落ち込むんです（笑）。なので、なるべく適度に……。アクションプランナーは、予定が可視化できるので、そのバランスは取りやすいと思っています。

編集部：この手帳を使う前は、隙間時間は意識していなかったのですか？

高野さん：まったくしていませんでした。隙間時間という概念がなかったので、空き時間は何もしていなかったように思います。一カ月見開きの手帳を使っているときは、一日に三つ予定が書いてあれば今日はもう忙しいなっていうくらいの認識でした。

編集部：気持ちの面で大きく変わったということですか？

高野さん：これまで無駄にしていた時間を、フルに使えるようになったという実感はあります。時間が可視化できたことで、ああ、自分ってこんなにできるんだっていう実感は、年々増してきていますね。

年間一〇〇冊購入するアクションプランナーの伝道師

笹川泰宏さんは、有料老人ホームの紹介を行う会社を運営。分刻みにアポイントメントが入る仕事柄、アクションプランナーが大活躍しているそうです。しかも、年間一〇〇冊ほど自分で購入しているとのこと。いったい何のために大量購入しているのでしょうか？

編集部：アクションプランナーを知ったきっかけはなんですか？

笹川さん：たぶんビジネス系の雑誌で紹介されていたのがきっかけだと思います。二〇〇五年から愛用しています。それまで使っていた手帳が使い勝手が悪く、なじまなかったんですね。そこでこの手帳を見たときに、持ちやすさや大きさがすごく自分にフィットしていて、すぐに開きやすいという点も非常に気に入りました。

編集部：使い勝手がいいというのは、笹川さんにとってはどんなところなんですか？

笹川さん：私は仕事柄、電話などでアポイントが入ったら、すぐに開いて書き込みたいんです。アクションプランナーならば片手で開いて、すぐに書けるのがいいですね。ほかの手帳だと、ワンアクションで開かなかったり、書くための場所を探さないとならないといったデメリットがあって、私の使い方には合いません。

編集部：もともと手帳はお好きなんですか？

笹川さん：好きです。アクションプランナーはすごく気に入っているので、仕事関係の人にオススメしたり、お世話になっている方にプレゼントさせていただいています。とても評判がいいですよ。使い方も私が説明しています。二〇〇八年に独立したんですが、その要因の一つが、アクションプランナーをもっといろいろな人にオススメしたいというものなんです（笑）。

編集部：独立の動機がアクションプランナーですか（笑）。

笹川さん：それだけではありませんが。サラリーマンでは、何十冊も自腹で購入してお配りするのは難しいですから。お世話になった方にアクションプランナーをプレゼントする際も、事前に調査をしにいきます。今年はこんな新色が出ました、何色にしますか？　というように。お客様には「笹川さんは手帳屋さんですか？」と言われますね（笑）。一〇月、一一月は、ふだん持ち歩いているバッグの中身が、アクションプランナーでいっぱいです。年間一〇〇冊くらいはお配りしているんではないでしょうか。

編集部：アクションプランナーを使い始めて、笹川さん自身何か変わったということはありますか？

笹川さん：やはり時間をうまく使えるようになりましたね。たとえば、アポイントを入れていくにしても、アクションプランナーならば、ひと目で時間の配分がわかるので、その場で空いている時間を先方に伝えることができます。そこで決定すればすぐに書き込める。この一連の動きが、私にとって時間管理の効率化に役に立っていると思います。

編集部：笹川さんは、デジタルのスケジューラなどを使っていらっしゃいますか？

笹川さん：はい。社員のスケジュールを共有するためです。外出先からスマートフォンで確認するときは便利ですね。

編集部：それらとアクションプランナーの使い分けというのはどうなっていますか？

笹川さん：まったく別物ですね。デジタルのほうはあくまで予定の共有が目的です。

デジタルだと、終わったものがどんどん消去されていく感覚があります。手帳は自分の毎日の「生」を書き込んでいる感じです。プライベートなことも書いているので。この手帳には、私の今までのことが凝縮されているんではないでしょうか。

やるべきことを明確にして仕事を効率よく進める

東京の八王子と武蔵村山にあるガーデン&エクステリアショップで経理を担当している稲田香誉子さん。社長であるご主人に勧められて二〇〇八年からアクションプランナーを愛用しているそうです。小学生と年少さんの二児の母でもある稲田さんは、どのように活用されているのでしょうか?

編集部：なぜアクションプランナーを使うようになったのですか?

稲田さん：社長が、インターネットで見つけてきて、それで社員みんなで使おうということになりました。社員は全部で一三人なんですが、スケジュール管理が必要な社員一〇名ほどが使っています。

編集部：稲田さんご自身は、以前はどんな手帳を使っていらっしゃいましたか？

稲田さん：毎年使い切りのタイプで、黒いシンプルな、一カ月見開きタイプのものです。経理の仕事は、時間で区切るというよりは、その日にやることを決めてやるという感じなので、特にそれでも不便ではありませんでした。しかし、子どもが大きくなるにつれて、仕事以外の予定が多くなってきたので、もうそうした手帳は使う気持ちにはなれないですね。

編集部：稲田さんは、自分の働いている時間を赤い線で引いて、その中にやるべきことを書いていますね。

稲田さん：勤務時間を明確にして、その中にその日のうちにやるべきことを並べて書いています。終わったものは横線で消しています。アクションプランナーの主旨とはちょっと違うのかもしれませんが、仕事の内容的にこういう使い方が自分には合っているかなと思っています。

編集部：プライベートのことも仕事のことも、こまめに書かれていますね。これだけやることを書いていて、消化したものを横線で消していくと、達成感があるんじゃゃないですか？

稲田さん：そうですね。消すのは楽しいですよ（笑）。書いて消してという作業が基本ですね。

編集部：稲田さん自身が、手帳を変えてから変わったことはありますか？

稲田さん：忙しくなりましたね。これは、手帳を変えたから忙しくなったというわけではないんですが……。いろいろ手帳に書き出していくようになったので、やるべきことがいっぱいあるんだなと再認識したというか。いっぽうで、やるべきことが明確になったことで仕事ははかどるようになりました。やらなければいけないことをすぐに書いておけるので、仕事でやるべきことや、頼まれたことを忘れることがなくなりました。

編集部：会社の方たちとのスケジュール調整などはどうしているんですか？

稲田さん：社長がグループウェアを導入したんですけど、あまり使われていないですね。あまり社員同士でスケジュールを共有する必要性もないので。社長自身も、またアクションプランナーを使い始めています。「やっぱりこっちのほうがいいや」と言って（笑）。私としては、電話しているときに予定を聞かれて、手帳をパラパラとめくって確認できるのがいいと思っているので。やはり手帳は、見て書いて、自分仕様にできるからいいですよね。

アクションプランナーを使って インテリアコーディネーターの資格を取得

二〇〇六年からアクションプランナーを愛用している植田七生《なな み》さんは、使い始めてから二年で、念願のインテリアコーディネーターの資格を取得したそうです。現在は子育てをしながら、次の資格取得を目指している植田さんは、どのようにアクションプランナーを使いこなしているのでしょうか？

編集部：アクションプランナーを使い出したきっかけは？

植田さん：社会人になって、住宅関係の会社に務めていたのですが、それまで毎日なんとなく過ごしていたんです。でも、これじゃいけないのではないか、何かしなければいけないのではないか、と思い、佐々木さんの書籍を購入したのがきっかけです。

編集部：それまで手帳を使った経験はありますか？

植田さん：ほとんど使ったことがありませんでした。最初に使ったのがアクションプランナーで、それからずっと使っています。

編集部：インテリアコーディネーターの資格を取るために、どのようにアクションプランナーを活用したんですか？

植田さん：試験の日をまず書き込んで、そこから逆算して何を勉強するのかを書き込んでいきました。そうやって自分を追い込んでいかないと、やらない性格なので（笑）。

編集部：なるほど（笑）。まさに佐々木さんが提唱している使い方ですね。

植田さん：長期的な目標を立てて、それに対してどうやって行動するのかを書き込んでいけるのは、自分の使い方にぴったりでした。おかげで夢がかないました。

編集部：なるほど。ふだんはどのように使ってらっしゃるんですか？

植田さん：会社に勤めているときは、仕事のスケジュールの管理がメインでした。結婚、出産のために退職してからは、プライベートの予定と、パートの予定を書き込んでいます。

編集部：アクションプランナーを使う前は、手帳を使っていなかったということですが、特にとまどったり抵抗があったりしませんでしたか？

植田さん：もともと、予定を立てたりすることは好きだったんです。手帳を使う以前は、普通のノートに予定をいろいろ書き込んで、楽しんでいたような感じですね。それがアクションプランナーだと、具体的に書き込んでいけるので、自分にはぴったりだと思っています。ただ、あまりにも自分に合っているのか、いろいろびっしり書き込みすぎてしまうこともあります（笑）。

編集部：今後は何か、新しい目標はありますか？

植田さん：今は子育てで忙しいので難しいのですが、二級建築士の資格に興味があります。また二年くらいかけて資格が取れるように、アクションプランナーを活用していきたいですね。

［著者］
佐々木かをり（ささき・かをり）
株式会社イー・ウーマン　代表取締役社長（ewoman.jp）
株式会社ユニカルインターナショナル　代表取締役社長（www.unicul.com）
国際女性ビジネス会議実行委員会委員長（www.women.co.jp/conf）

日本に時間管理・手帳ブームを巻き起こした時間管理の第一人者。

時間管理の斬新な哲学とシンプルな方法論は、子どもから経営者まで幅広く多くのファンを集める。

上智大学外国語学部比較文化学科卒業後、通訳や翻訳等のユニカルインターナショナルを起業。1996年に日本初の二カ国語女性向けサイトを開設、同年「国際女性ビジネス会議」を開始。毎年夏に、約1000人が参加する日本最大級の人気の会議となっている。

2000年にはイー・ウーマン起業。イー・ウーマンサイト開設や「ダイバーシティ」の第一人者として国内外で講演、執筆、コンサルティングも行っている。

現在、上場企業の社外取締役、総務省、厚生労働省などの審議委員、博物館や財団等の経営委員、理事、評議員、フジテレビ「Live News it」のコメンテーター、共同通信の論壇執筆などもつとめる。

過去にも内閣府をはじめとする各省の審議委員、上場企業の社外役員、テレビ朝日「ニュースステーション」レポーター、TBS「CBSドキュメント」キャスターを歴任。

米国ニューヨーク州 エルマイラ大学名誉文学博士、ニュービジネス協議会アントレプレナー特別賞受賞、ベストマザー賞（経済部門）受賞他。

アクションプランナー（手帳の使い方等）　www.actionplanner.jp
フェイスブック（佐々木かをり）　www.facebook.com/kaorisasakicom
フェイスブック（時間管理術）　www.facebook.com/jikankanri
ツイッター（佐々木かをり）　twitter.com/kaorisasaki
イー・ウーマン　www.ewoman.jp
佐々木かをり公式サイト　www.kaorisasaki.com

自分を予約する手帳術
――「なんとなく忙しい」から抜け出す時間管理法

2011年11月4日　第1刷発行
2020年2月19日　第3刷発行

著　者――― 佐々木かをり
発行所――― ダイヤモンド社
〒150-8409　東京都渋谷区神宮前6-12-17
http://www.diamond.co.jp/
電話／03･5778･7235（編集）　03･5778･7240（販売）
カバーデザイン―石垣由梨（Isshiki）
製作進行――――ダイヤモンド・グラフィック社
DTP ――――――インタラクティブ
印刷――――――八光印刷（本文）・新藤慶昌堂（カバー）
製本――――――ブックアート
協力――――――三浦一紀
編集担当――――音湘省一郎

ISBN 978-4-478-01437-0